Essays on Religion in Times of Crisis

Tomioka Koichiro

危機の時代の宗教論

ヒューマニズム批判のために

富岡幸一郎

春秋社

危機の時代の宗教論

目次

危機の時代の宗教論

――ヒューマニズム批判のために

第1章

危機の時代の宗教論

――ヒューマニズム批判のために

新型コロナウイルスの世界的な感染拡大は、われわれの日常生活に大きな変化をもたらしている。

今回の感染拡大の最大の要因が、グローバリゼーションといわれる経済活動にあるのはあきらかであるが、それは人類の歴史上くりかえされてきたことであり、古代から民族の移動、商業の交易による国際的な交流によって疫病は広がっていった。中世末期ヨーロッパで猖獗をきわめたペストは、当時の東西交易路と地中海の貿易路を辿って拡大したが、それはまた中世社会の崩壊から近代社会を形成していく歴史的転換となった。

今回のコロナ禍は、ではいかなる時代の変化をもたらすのだろうか。その危機の正体は何なのか。

欧米の各都市は急激な患者の拡大、重症者や死亡者の増加によって閉鎖状態となった。日本でも緊急事態宣言で東京をはじめとした大都市は一時ほとんど閉鎖状態の様相を呈した。人間の姿が巨大都市の空間から消える。文明社会のメガロポリスに出現したその虚空間は、これまでに見たことがないものであったが、しかし既視感があった。

それは筆者にとっては、一冊の写真集である。写真家・露口啓二の『自然史』（赤々舎、二〇一七年刊）に写し出された、東日本大震災と福島第一原子力発電所の事故による高濃度の放射性物質に汚染された地域、人々の姿がいなくなった後の、大地とそこに繁茂する植物などの風景である。目に見えない多量の放射性物質が飛散し堆積することで、「帰還困難区域」として国が定めた場所には、道路があり橋があり家や墓地もあり、電柱や鉄塔もあるが、人影だけが消え、そこを伸び切った草木が埋め尽くそうとし、居住者のいない家々は緑の侵食に任せるままになっている。ビニールハウスや屋根瓦が、密林のなかに静かに沈みゆく風景。破壊された物は何ひとつないのに、そこには透明な廃墟が拡がっている。

疫病のウイルスも放射性物質も、人間の肉眼には見えない。〈見えない危機〉に直面するとき、人は根源的な恐怖を感じる。文明はこれまで進歩することに価値を置き、目に見えるものの価値を成果として求め達成してきた。その文明の転換期が、いま到来しているのだ。かつての中世のペストの災厄が、ヨーロッパ世界を近代社会へとひらく転機をもたらしたとしたら、今回の新型コロナウイルスの世界的なパンデミックは、「近代」という時代の終焉を告げているのだろうか。

しかし、「近代」の後の時代を、ポストモダンなどといって簡単に想定することはできない。

ポストモダンという概念は、すでに一九八〇年代からくりかえし用いられてきたが、それ自体「近代」の揺らぎと危機の所産であり、近代世界から流れ出た思潮のひとつに過ぎない。それよりはむしろ、この三〇〇年に及ぶ歴史を、安定した「中世」と呼ばれた時代からの逸脱、進化論という不安定きわまりない理性信仰に呪縛された時代としてとらえるほうが、正確な展望がひらけると思われる。

このことを明晰に語ったのは、一八七〇年ドイツのカールスルーエ近郊に生まれ、一九一八年のドイツ帝国の敗北期に、ミュンヘン評議会共和国の指導者の一人であったグスタフ・ランダウアーである。社会主義、アナキズムの革命思想やマイスター・エックハルトなどの中世神秘主義思想の影響を受けたランダウアーは、非暴力による社会革命を目ざす運動に身を投ずるが、一九一九年五月、反革命義勇軍によって虐殺される。この二〇世紀初頭のヨーロッパの激動期のなかで、ランダウアーはいわゆる「近代」という時代を、人類史における大きな逸脱の時期、過渡期であると定義した。

〈我々がここ数百年の間に、比較的安定した状態から、その安定状態に挿入された理想というものを契機にして、安定を欠いた状態にはまりこみ、いま、さらにその深みにはまる方向へと蹌踉《よろ》めきながら歩んでいる。(中略) いまなお我々がその渦中にいる、こうした過渡期の時代より前には、偉大なる定常の時代、極めて確固たる存立の時代、古代の一時期と似たような文化の全盛期が見いだされる。それがすなわち、中世と呼ばれた時代である〉(『レボルツィオーン――再生の歴史哲学』[*Die Revolution*] 原書、一九〇七年刊。邦訳、大窪一志訳　同時代社、二〇〇四年刊)

この「中世と呼ばれた時代」の「安定」の基盤にあったのがキリスト教信仰であり、その崩壊とともに、ヒューマニズム(人間中心主義)という「理想」による「個人主義の時代が到来した」というランダウアーはいう。彼の目ざす「革命」とは、この「近代」から先へと社会を進化させるものではなく、安定した秩序を保っていた中世社会へ戻ること――過去の生成――の発見であった。彼の「革命」の理想は、二十世紀の巨大な暴力=国家の全体主義の前に潰え去っていくが、このような「近代」への視座は、経済文明史家カール・ポランニーの『大転換』(一九四四年)――一九三〇年代の世界的大不況から、全体主義(ファシズム)の時代の危機を背景に資本主義の限界を説いた――や、二〇世紀前半のキリスト教の「宗教社会主義」と呼ばれる運動にも影響を与えた。宗教社会主義運動には、のちにアメリカに渡って現代のプロテスタント神学者として著名なパウル・ティリッヒがおり、スイスの若き牧師であったカール・バルトに、近代キリスト教を大きく転回させる『ローマ書講解』(一九一九年)を著わさせる要因にもなった。カール・バルトの近代的人間がもたらす「宗教」への批判は、あらためて述べたいが、二〇世紀前半の世界史的な大事件――第一次世界大戦、世界恐慌そして第二次世界大戦と雪崩れを打ってゆく時代の危機のなかで、このように「近代」世界の地盤が問い返されたのである。その主軸になったのは「危機」の神学といわれた宗教論であった。

では今日、何故いま、百年前の世界がそうであったように、二十一世紀前半のこの危機の時代にあって、あらたに尖鋭な宗教論が語られることがないのか。これを問うのが本稿の目的である。

*

現代の危機にたいして宗教的な問題意識からの本質的アプローチがもちろんないわけではない。

たとえば、二〇〇一年の福島第一原発の事故のあとに、宗教学者の中沢新一氏が文芸雑誌『すばる』(六、七月号)に「日本の大転換」という論文を発表した。これは人類の歴史におけるエネルギー革命を文明論と宗教論から論じた注目すべき内容であった。中沢氏は、日本文明が大津波と原発事故がもたらした災禍をきっかけに新たに生まれ変わるべきであるといい、西洋近代の科学技術が生んだ原子力エネルギーからの転換を主張する。核エネルギーは地球生態圏の内部では、自然状態でほぼ起こりえない原子核の分裂が連鎖的に絶え間なく起こることによって得られ、それは生態圏にとって決定的な異和をもたらすことになる。原子炉のなかで起こっていることと、その周辺装置の間には明らかな断絶があり、そこで制御不可能に陥る危険性があるという。中沢氏はその原子力エネルギーのあり方を人類の宗教史の流れのなかで、ユダヤ教にはじまる「一神教」の発生とダブルイメージで捉えてみせる。一神教は旧約聖書のアブラハムの記述にも明らかなように、古代にオリエントの自然宗教や諸々の偶像を神々として崇拝していた世界から離脱し、絶対神を発見する宗教史における大きな転換を果たした。キリスト教もこのユダヤ的一神教から誕生したのはいうまでもない。また、七世紀に広がるイスラム教もこのアブラハム、モーセ、イエス・キリストの一神教の変革として中東地域に発生した。中沢氏は、一神教はそれまでの多神教的あるいはアミニズムの自然と生態圏を突き破るものであり、その過激さは原子力の本質と相似しているという。

〈一神教は宗教思想として、思考の生態圏の外部にある「超越者」のまわりに組織された思想として、きわめて過激な構造をもっている。ほかの宗教思想が、さまざまな媒体とつうじて触れ合おうとしてきた超越者が、直接・無媒介に、人間の生態系の秩序に介入することによって歴史が発生するという考えを、一神教は生み出した。それとまったく同じ構造をもって、原子核技術は、きわめて過激なやり方で、生命の生きる生態圏の外部に、直接・無媒介に接触することから、エネルギーを取り出そうとしてきた〉

キリスト教が近代の科学技術を生み、旧約聖書の創世記が人間にこの世界の諸々の生物や自然を「支配」させるという発想（人間中心主義）をもたらしたということがしばしば言われる（もちろんこうした言説は聖書を正しく読むところからは出てこないが）。中沢氏はそうしたキリスト教と西洋近代科学の連関をはるかに超えて、古代の一神教の超越的外部性と核エネルギーの特殊性・外部性の類似を指摘しており、その点では興味深い。しかしそこから導き出される結論は「一神教的思想から多神教的思想」への転換といういかにも平板な宗教論になってしまっている。エネルギー革命と宗教思想のアナロジーは、そこで奇妙に変換される。つまり、核エネルギー＝一神教の「過激さ」をただすものとして、日本の仏教や神道が突如として持ちだされるのである。

〈仏教は一神教の思考を否定する。一神教は、人類の思考の生態圏にとっての外部を自立させせて、そこに超越的な神を考え、その神が無媒介的に生態圏に介入することによって、歴史が展開していくという考えを発達させた。仏教はこのような思考法を、ラジカルに否定するのである。仏教は、生態圏の外部の超越者という考えを否定する。そして、思考におけるいっさいの極端と過激を排した中庸に、人類の生は営まれなければならないと考えた。

日本では歴史的に、このような仏教が神道と結合してきた。神道の神々は、生態圏を構成するさまざまな強度を、精神化して表現したものである。だから神々を敬うことは、自然に畏敬の心をいだくことと同じなのである。自然宗教である神道は、仏教から無や曼荼羅の思想を借りてきて、それでうまく表現しきれなかった、自分の思想を表現することに成功したのであるが、仏教は神道をとおして、自然の具体性と結合することで、ただの抽象的な学問ではなくなった。このように仏教はどこの世界でも自然宗教との折り合いがよいのである〉

超越者を否定する仏教としての神道への回帰あるいは帰着を指摘するのであるが、それと次世代の「自然エネルギー」の可能性が重ねられている。そこで「日本文明」というタームが改めて新しい意味を帯びて語られているのだ。

「一神教」のもたらす「過激さ」が宗教対立や戦争を繰り返してきたのであり、それに対して多神教的・汎神論的な風土は「自然」に根差した温和で調和的な世界を保ってきた、という話は日本の知識人がしばしば口にしている。中沢氏は今回の原発事故から文明史・宗教史的な問題をかさね合わせているのであるが、端的にいってここにも日本人のなかに見られる一神教への誤解ないしは曲解がある。

一神教の源流はすでに述べたように旧約聖書のアブラハムにその出発点を持つのであるが、それは月や太陽を崇拝しまた自然を神々とする古代世界から人間が歴史を創造するという決定的な変換をもたらした出来事であった。天体の運行と自然の循環のなかで生きて来た人間は、その反復のなかで「歴史」の自意識を持ってはいなかった。しかしそのような世界観に不安と苦悩を覚えたひとりの男、すなわちアブラハムが古代都市からなにかに突き動かされるようにして旅立った。聖書によればそれは神の召命であるが、むしろ人類に「歴史」が到来した出来事であり、アブラハムの信仰は、数千年を貫く人類の進展に意味と方向を与える自由な創造的行為に他ならなかった。

作家のトーマス・マンはナチスによってドイツ市民権を剝奪され、一九三八年にアメリカに亡命するが、それ以前の二六年から四三年までのヨーロッパの危機的状況のなかで一八年の歳月をかけ『ヨセフとその兄弟』を書いた。それは旧約の物語を現代の作家として甦らせる試みであったが、作品の冒頭で描かれるのかアブラハムの神話である。ナチス・ドイツによって偽造された「二〇世紀の神話」に対して、マンはアブラハムの行動と信仰を通して「歴史」の意味を対峙させたのである。『ヨセフとその兄弟』は膨大な作品であるが、そこには「人類になぜ神が現れたか」という世界史の根本的なテーマがある。まさに一神教の本質的意味を問うたものであった。

それはユダヤ教、キリスト教と貫いているが、時代の変遷のなかでそれが「宗教」として固定化され、国家や社会の共同体を成立させるものとなったことと分けて考えなければならない。ユダヤ教においては神の法律が、各々の時代の宗教集団において戒律化したが、それは自由な創造行為としての「信仰」をむしろ抑圧するものであり、イエス・キリストはそのような「宗教化されたユダヤ主義」への反抗者として出現した。イエスもまた、アブラハムと同じくその時代の宗教から離脱することで、人類の「歴史」に新たな意味と方向を与えたのである。さらにイエスに始まる原始キリスト教団は、パウロによって世界宗教へと展開していくが、四世紀にローマ帝国の国教となったことによって「宗教化」することになった。ヨーロッパのキリスト教社会共同体（コルプス・クリスチアヌム）の基礎はそこにあり、近代文明もまたこれを源流としているが、「宗教化」したキリスト教およびその社会への神学的批判は、一六世紀の宗教改革者、一九世紀のキルケゴール、二〇世紀のカール・バルトなどによって時代の危機のさなかに果敢に行われた。そこでは一神教の歴史的源流がつねに問い返され、人間の欲望や社会の状況によって「宗教」となったキリスト教への激しい攻撃がなされた。カール・バルトは第一次大戦の直後、新約聖書の「ローマ書」を論じた『ローマ書講解』によって一八世紀の啓蒙主義以後にヒューマニズムに堕ちた近代キリスト教を徹底的に批判し、「宗教的人間」は「自分を神と等しくし、神を自分自身に引き寄せる者」であり「宗教はひとつの災いである」と断じた。

アラビアの地に出現したムハンマドによって創設されたイスラム教も、中世のキリスト教世界の「宗教化」による長い停滞の底を食い破るようにして現れた。一神教の歴史への再登場であった。キリスト教の生誕から六〇〇年を経て、ムハンマドはユダヤ教のモーセとキリストにつながるものとして、神の唯一性を「歴史」の進展と意味として再発見したのである。ムハンマドは預言者として新宗教を伝道したのではなく、むしろユダヤ・キリスト教の源泉に遡り「アブラハムの宗教」を復活させたのだ。

このように一神教は人類の「歴史」を創造し再生し、つねにその意味と方向性を与えてきた。それは明らかに特定の宗教や宗派を超えた世界史の滔々たる潮流である。近代の科学技術の問題と限界をキリスト教と結び付けて批判的に論ずることなどは、近代主義の枠のなかでの議論にすぎない。また過剰な近代化のなかで、仏教や神道などの日本の伝統的な宗教や習俗を見直し、自然との調和や共生をうたうことはよいが、同時にわれわれはあまりに深く自然の懐に侵入し、それを破壊し改変してきたことを忘れるわけにはいかない。脱・近代文明を実現することは容易ではない。そもそも西洋文明と東洋思想・日本文明という対立軸から、一神教と多神教・汎神論の相違をいうのは単純な図式化をまぬがれない。

イスラム哲学の泰斗として『コーラン』の翻訳で有名な井筒俊彦は、同時に西洋と東洋思想のほとんど全域におよぶ思索を展開した哲学者であるが、旧約・新約聖書からイスラムまでを貫いている根源的なものとして「セム的一神教」の重要さを指摘している。セム族とは、西アジア・アラビア半島・アフリカ北東部に住むセム語系の民族の総称である。旧約のノアの息子のひとりがこのセム族の祖先とも言われる。一神教の誕生も、またこの「人格的に生きた神」への情熱を根本としている。井筒氏はこの「セム的存在感」をインド・中国・日本という「東洋」の思想の基盤とみなし、ユダヤ教やイスラム教もまた、この「東洋」の広い基盤の上で捉え直すべきだと主張した。それは西洋文明の深い理解にも当然不可欠だとしている。つまり、東洋と西洋を地理的空間的に分けて対立的に考えるのではなく、セム的一神教を「東洋」の「意識の深層」に関わった「根源的な精神」として捉えている。このような東と西の文明をダイナミックな意識の深い場所《トポス》として捉える見方は一般的ではないかもしれないが、しかし一神教と多神教、人格神と汎神論の対立の構図をはるかに超えて、二一世紀の宗教理解を新しい方向へと導いていくものではないだろうか。

一八世紀以降の西洋近代文明は、確かに大きな転換期につきあたっている。オズヴァルト・

シュペングラーの『西洋の没落』は二〇世紀のはじめに西洋文明の凋落を予言した書であったが、それは西洋に限らず、自然に四季があるように「文明」そのものが興隆と衰亡をくりかえすという主張であった。今日の世界を見れば、西洋文明と東洋文明という区別はほとんど意味がなく、世界全体がグローバルな近代文明のなかにあるのは明らかである。いうまでもなく日本もまたこの「文明」を受容し実現してきた。原子力エネルギーから脱却し自然エネルギーへと転換する、その思想的背景を仏教や神道などのいわゆる「日本」思想に求めることはできない。むしろ、人類に「歴史」の意識をもたらし、そのことによって世界史を創造的行為としてきた一神教の思想の深さと広がりを、日本人もまた風土的精神論を超えて十分に理解する必要があるのではないか。世界史のレースは、なお一神教の思想を背景として展開されているのであり、原子力にいかに向き合うかという試練と勇気は、その理解なしにはありえないからである。

一神教から多神教へ。この道筋からは、現代世界の危機に対峙しうる宗教論は出てはこない。問題は、一神教かそれとも多神教か、キリスト教か仏教かという「宗教」学的な論争ではなく、近代主義的な思考の枠組みから自由になったところで、語り直されるべきまさに「過去の生成」としての宗教論である。

*

「宗教論」という言葉はしかし誤解を与える。すでに述べてきたように、それは「宗教」批判を根底とするものでなければならない。では、具体的に「宗教」批判とはどのようなものなのか。それは特定の宗教の立場から、他の宗教の限界や問題性を指摘し批判することではない。

二〇世紀におけるこの意味での「宗教」批判の先駆者は、カール・バルト（一八八六年－一九六八年）である。バルトは一九一九年、第一次大戦の荒廃のなかから神学者として出現してくるが、バルトの宗教批判は、もちろんキリスト教の優越性を際立たせるための諸宗教の批判ではない。むしろ、それは人間の敬虔や信仰心といった内面的なものに依存するキリスト教批判であったが、しかしバルトは宗教を脱して、非宗教的にキリスト教を受けとめればよいなどと語っているわけでは全くない。『ローマ書講解』でくりかえし強調されるのは、いかなる宗教批判も、最終的には宗教的である他ないという事実なのである。神にむかって「拝む姿勢」をとろうが、反対に敵対する姿勢をとろうが、人間は人間であることにおいて、宗教的人間たらざるをえない。宗教とは、人間の欲望の、その活動の最高の頂点であり、十九世紀の神学者が考えたように、平和をもたらし救済を実現するものではない。それは全く逆である。

〈宗教はむしろ、人間の救われなさの発見である。宗教は、享受したり讃美したりすべきものではなく、むしろ振り棄てがたい苦しい軛として荷なうべきものである。何人に向かっても宗教を讃めたてて、これをもつように望んだり薦めたりすることはできない。宗教は一つの禍であって、それが運命的な必然性をもってある人々を襲い、この人々からまたほかの人々へと移ってゆくのである〉（『ローマ書講解』Karl Barth, *Der Römerbrief* 1922『カール・バルト著作集14』吉村善夫訳、新教出版社、一九六七年刊）

これは無神論の立場に立とうとも同じことである。たとえばサルトルは、神は存在しないという前提のもとで、実存は本質に先立つという。

〈ドストエフスキーは、「もし神が存在しないとしたら、すべてが許されるだろう」と書いたが、それこそ実存主義の出発点である。いかにも、もし神が存在しないならすべてが許される。……われわれは逃げ口上もなく孤独である。……したがって実存主義は、人間はなんのよりどころもなくなんの助けもなく、刻々に人間をつくりだすという刑罰に処せられている〉（『実存主義とは何か』伊吹武彦訳、人文書院、一九五五年刊）

人間はこの世界の中にあらかじめ目的も本質もなく投げ出されている。いわば「自由」の刑に処せられている。この世の実存として人間は、だから「みずからつくるところのもの以外の何ものでもない」。そこで自らの主体性と責任を問われる。

この実存主義の原理は、まさしく宗教的人間の発する声である。なぜなら、ここでは神の不在という理由のもとに、「自由」という人間的可能性が極限化され、唯一無二のものとされ、神化されているからである。「自由」の刑に処せられているとは、人間が自らの責任によって「自分を神と等しく」して、「神から神のものを奪い」現実に対峙しなければならないということだ。実存主義の、その無神論的ヒューマニズムの根本的性格は、このように「神的なもの」の陰画であるがゆえに、きわめて宗教的なのである。

かくして神を信仰しようが、無神論であろうが、宗教は人間的可能性の「最後にして最高」の欲望としてあらわれ、それは最大の可能性であるがために、また最悪のものとなる。バルトはこの宗教の現実を徹底的に暴き出すのである。

バルト自身、一九三三年に政権を掌握したヒトラーによるナチズムの暴風のなかで、神学的な抗争を開始するが（ナチスに迎合するドイツのキリスト教会への内在的な戦いとしての「告白教会」の抵抗運動）、それはナチズムこそが近代主義（人間中心主義）が生み出した最悪の擬似宗教であることを最初から看破していたからである。

ヒットラーやナチズムを、ひとつの時代の危機が生んだ特殊で異常なものと考えてはいけない。たしかにナチ国家によるユダヤ人のホロコースト（ショアー）は、他のジェノサイドと本質的には比較しえない側面（メシア的希望の証人たるイスラエル＝ユダヤ人の絶滅は、神とこの世界の和解を絶滅し解消する試みである）があり、「アウシュヴィッツ」という固有名詞が語っている戦慄の根源は、聖書的な意味においては、神の民としてのイスラエル＝ユダヤ人の特殊性を決して忘却してはならないだろう。そのことを前提としていえば、ナチズムこそは無神論という「宗教」そのものであり、総統《フューラー》を「神」とする「ホモ・デウス」、すなわち「人神」の極地にほかならない。いついかなる時代においても、全体主義はつねに人間の宗教的可能性として現われ、「近代」という巨大な「過渡期」において、それはヒューマニズムという「宗教」となったのである。

一九六七年生れのイスラエルの歴史学者ユヴァル・ノア・ハラリは、『サピエンス全史』が世界的ベストセラーとなり、『ホモ・デウス――テクノロジーとサピエンスの未来』（原著、二〇一五年刊。邦訳、河出書房新社、二〇一八年刊）で、人間（ホモ）が神（デウス）となっていく産業革命以降の人間中心主義の時代と、ＡＩとバイオテクノロジーの進化による近未来の全体主義社会（世界）への警鐘を鳴らしている。

ハラリは『ホモ・デウス』で次のように語る。

〈意味も神や自然の法もない生活への対応策は、人間至上主義が提供してくれた。人間至上主義は、過去数世紀の間に世界を征服した新しい革命的な教義だ。人間至上主義という宗教は、人間性を崇拝し、キリスト教とイスラム教で神が、仏教と道教で自然の摂理がそれぞれ演じた役割を、人間性が果たすものと考える。伝統的には宇宙の構想が人間の人生に意味を与えていたが、人間至上主義は役割を逆転させ、人間の経験が宇宙に意味を与えるのが当然だと考える。人間至上主義によれば、人間は内なる経験から、自分の人生の意味だけではなく森羅万象の意味も引き出さなくてはならないという。意味のない世界のために意味を生み出せ――これこそ人間至上主義が私たちに与えた最も重要な戒律なのだ。

したがって、この近代以降の中心的宗教革命は、神への信心を失うことではなく、人間性への信心を獲得することだった。（中略）私たちが意味の究極の源泉であり、したがって、人間の自由意志こそが最高の権威であると、人間至上主義は何世紀もかけて私たちに納得させてきた〉（柴田裕之訳）

この「人間」が「宇宙に意味を与えるのが当然」という思想は、まさに「戒律」となり、そこではそれ以外の外部の価値は排除される。

この「人間の自由意志こそが最高の権威」と化した世界において、語られなくなったのは、たとえばキリスト教における予定論である。

本来、予定論は古来キリスト教会の歴史をつらぬく重要な思想であった。それは一言でいえば、人間の救いが全く神の自由な選びのなかにあるという教えである。人間の意志や能力によるのではなく、神によって予め定められた人間の救いと滅びの区別といってもよい。したがって、それは時間的な以前としての予定ではなく、神の自由な決断が全てのことに先行するという意味である。このような神的な選びと棄却としての予定論（神の完全性を神の二つの行為に分割する説ということで、これは「二重の予定論」と呼ばれる）は、西方神学の確立者アウグスティヌスから、中世のトマス・アクィナス、そしてルター、ツヴィングリ、カルヴァンなど宗教改革者の神学まで引きつがれてきた教義であった。

たとえば、カルヴァンは『キリスト教綱要』のなかで、次のように神の「二重」の予定について語った。

〈われわれが「予定」と呼ぶのは、神の永遠の聖定であり、よってもってそれぞれの人間に起るべく欲したもうたことを、自ら決定したもうもののことである。なぜなら、万人は平等の状態に創造されたのではなく、あるものは永遠の生命に、あるものは永遠の断罪に、あらかじめ定められているからである。したがって、人はそれぞれ、どちらかの目的に向けて造られているのであるから、あるいは生命に、あるいは死に予定されている、とわれわれは言う〉（渡辺信夫訳）

しかし、このような二重予定論――選ばれたものと捨てられたものという決定論は、ときに教会の聖職的な傲りを生み、人間の意志と自由を完全に圧殺するものとして受けとめざるをえない側面があった。近代の人間中心主義の考え方が、このような教会の宣教と対立したのはあきらかであり、事実、近代においては、こうした神の「恐るべき聖定」を語る伝統的な予定論はキリスト教の教説から意図的に斥けられてきた。

事実、カール・バルトもその主著『教会教義学』において、カルヴァンの予定論の刷新を神学的作業としての重要な課題として行っている。カルヴァン主義、改革派神学の伝統の流れをくむバルトは、カルヴァンの予定論をあらたなかたちの「二重の予定」（イエス・キリストにおいて示された神の選びは、人間を「救済」と「滅亡」に分けるのではなく、キリスト自身が自らを死に引き渡す「棄却」を選ぶことで、死に引き渡されている人間を原罪から恵みの「選び」へと引き上げたとする、神の人との「喜ばしき交換」としての垂直性の予定論）として組み換えたのである。

この独創的な予定論の刷新は、キリスト教の思想史において革新的なものであるが、ここには一九三三年以後のヨーロッパの現実、すなわち「神とあのひとりの人間（ナザレのイエス）とその民（イスラエル＝ユダヤ人）」の根源的なつながりが、ナチズムによって決定的に破壊される危機、その二十世紀のユダヤ人問題が眼前にあったことを挙げなければならないだろう。二重予定論が悪しき誤解を生めば、それは宿命論となり、場合によっては人間性の否定、自由の簒奪、特定の民族の否定に陥りかねないからである。

しかし、同時にここには、カール・バルトの神学が、近代的な人間中心主義から新しい神中心主義への、「宗教的」人間による聖書解釈から聖書によって証言された「神の言葉」への転換（帰還）を画期的なかたちで果たしながら、なおそれは近代の地平にあったことを物語っているのではないか。これはもちろんバルト神学の限界をいっているのではない。疑いもなく、バルトは近代主義的なキリスト教を破壊し、人間至上主義の陥穽と限界をあきらかにすることで、神学に根本的に新しい方向づけを成した。それは、たしかに神学における「近代」のパラダイムチェンジであったといってよいが、最終的には「近代の超克」ではなく、人類史における大きな「逸脱」の数世紀の危機の正体をかつてない形で明らかにしたのである。

作家で元外務省分析官の佐藤優氏は次のように指摘する。

〈「バルトは近代を超克した神学者である」という言説が一部に流布していますが、私はこの見解には異論があります。私の理解では、バルトは近代を完成させた神学者なのです。ポストモダンという流行があったために、近代の超克であるとか、近代は終わったという意識が主流になってしまいました。しかし、考えてみてください。今の新自由主義で動いているこの状況、ここのどこに近代の超克がありますか。ポストモダンというものは、個別の差異を重視することで、主観的には近代を超克していくという役割を果たしても、結局、客観的なところでは近代の完成の役割を果たしていると、私は見ているのです。つまりカール・バルト神学の意義というのは、近代の構造、とりわけ国家やナショナリズムがもたらした地獄絵を神学的な手法で表したことなのです〉(『国家論――日本社会をどう強化するか』NHKブックス、二〇〇七年刊)

「国家やナショナリズムがもたらした地獄絵」とは、史上これまでなかった総力戦としての大量殺戮(第一次・二次大戦)であり、ユダヤ人のホロコーストであり、核の均衡による危機常態化であり、資本主義の暴走(今日のカジノ化した全融資本主義)等々であるが、まさにバルトの神学は、このような状況を招来する「近代の構造」を明瞭化してみせた。

その「構造」とは、ユヴァル・ノア・ハラリの指摘する「人間至上主義」という「宗教」がもたらしたものであり、バルトは『教会教義学』(『和解論』の倫理学としての「キリスト教的生」の断章）で、それは、神への信仰が薄れて、人間が世界の主人となっていくことで生じた「主なき諸権力」であると告発する。この「諸権力」とは、もろもろの「暴力」と訳すことができる。人間が作り出したもろもろの力が、人間を拘束し、従属させ、人間自身をコントロールしてしまう事態となり、今日その暴力が猖獗を極めている。国家、貨幣、イデオロギー、倒錯したテクノロジーと生活様式等々の暴走を食い止めることが不可能となる。

〈（貨幣という）道具は、或る時は景気を上昇させ、或る時は同じ景気を下降させる。或る時は恐慌を食い止め、或る時はこれを惹《ひ》き起こす。或る時は平和に奉仕し、だがしかし平和のただ中ですでに冷たい戦争を遂行し、流血戦争を準備し、遂には惹き起こす。この道具は、ここではあらゆる種類の一時的な楽園《パラダイス》を創り出し、かしこではそれらの楽園にただあまりにも対応した一時的な地獄を創り出す。この道具が以上のすべてをなしうる、ということは決して必然ではないであろう。だがしかし、この道具は以上のすべてをなしうるのであり、また実際なしてもいるのだ。〔この道具は〕たしかに貨幣それ自体のことではないが、しかし、人間が自ら所有していると思い込んでいるあの貨幣――真相は、その貨幣が人間を所有しているにもかかわらず――のことである。しかも、貨幣が人間を所有しているというのは、人間が貨幣を神なしに所有することを欲し、そのことによってあの真空を創り出しているからなのである。すなわち、その真空において貨幣は――それ自体悪霊とならざるをえないのであり、人間自身はこの悪霊の奴隷・弄《もてあそ》ばれる球《ボール》とならざるをえないのである〉（カール・バルト『キリスト的生Ⅱ』天野有訳、新教出版社、一九八八年刊）

グローバル化と新自由主義経済の格差などの「地獄絵」の本質がここにある。こうした「近代」――「人間至上主義」の帰結は、哲学ではなく神学の方法によってこそ明らかにすることができる。なぜなら、一八世紀西洋啓蒙主義哲学以来、哲学は「近代の構造」を形成し補完する役割をむしろ荷ってきたからである。

バルト神学は、かくして近代の地平にあって、その予定論を刷新し、現代世界の危機の根源を呈示してみせた。しかし、ハラリが預言するように「人間至上主義」は、さらなる段階に突入している。新型コロナウイルスの災厄はそれを加速するだろう。

*

では、その危機の深化はどのように形を取って現わになるのか。

『ホモ・デウス』でハラリは、「人間至上主義」は、サイエンスとテクノロジーによってさらに加速されるであろうと預言しているが、コロナ禍はまさに今日それを現実のものとしている。

ＡＩとバイオテクノロジーの進化によって、新しい国家的な監視技術が確立し、二十世紀のファシズムなどよりさらに厳しい監視社会が出現するという。

〈監視技術はすさまじい速さで発展しており、十年前にはＳＦ小説としか思えなかった状況でさえ今や特段、斬新なわけではない。試しに、或る政府が体温と心拍数を24時間測定する生体測定機能を搭載した腕時計型端末を全国民に常に装着するように求めた、と考えてみてほしい。

その政府は測定データを蓄積し、アルゴリズムで分析する。アルゴリズムによって当該人物が何か病気にかかっているかを本人よりも先に識別するだけでなく、どこにいたか、誰と会っていたかまで把握することが可能になる。

そうなれば感染が連鎖的に広がるのを劇的に短期間で抑え込めるようになるだけでなく、その感染すべてを封じ込めることさえ可能になるかもしれない。

こうした仕組みがあれば、特定地域で流行する感染症の場合、発生から数日で阻止できるかもしれない。『それは素晴らしい』と思うだろう。

だが、これにはマイナス面がある。ぞっとするような新し監視システムが正当化されるということだ。

例えば、私が米CNNテレビのリンクではなく米フォックスニュースのリンクをクリックしたと知れば、私の政治観だけでなく、性格までも把握されるかもしれない〉(「日本経済新聞」二〇二〇年三月三十一日)

新型コロナ発生を機に、政府は「体外」の監視から「皮下」の監視に移行する。まさにSF小説や映画のそれが現実となる可能性が高いのだ。それはイデオロギーやナショナリズムによる全体主義よりも、さらに恐るべき統制社会をもたらすだろう。

この近未来は、しかしある意味では「人間至上主義」の近代の帰結であるのは、自明の理である。ハラリが「テクノ人間至上主義」とも呼ぶパンドラの箱は今、開かれているといってもよい。

このような人類史的にも危機の状況にあって、再度問わなければならない。宗教者は今日の世界にあって何を語ることができるのか。たとえば、現代においてカルヴァンの二重予定論を牧師が教会で語れば、どうだろうか。日曜日の礼拝で、新型コロナウイルス拡大の不安の日々を過ごす信徒(今日の日本の教会員の大半は高齢者である!)に向かって、「皆さんはコロナで死ぬか生きるか、神様によってあらかじめ定められています」などと語ったらどうであろう。信徒は困惑どころか、牧師を差別主義者として批難するのではないか。糾弾されはしないか。

結論からいいたい。しかし、この二重予定論の思想こそは、今日のわれわれ「人間」への鋭い問いをもたらすのではないのか。カルヴァンの教義が正しいか否かではない。バルトの予定論の刷新が現代的か否かを問題にしたいのではない。カルヴァンもバルトも、聖書の言葉そのものを、人間にとって決定的に異質なるもの——不気味なものとして徹頭徹尾とらえたことを忘れてはならない。そのことが重要なのだ。

バルトは、第一次世界大戦の惨禍のなかから『ローマ書講解』を、すなわち聖書を、歴史でも、道徳でも、宗教でもない、新しい世界——「神についての人間の正しい思想」ではなく「人間についての神の正しい思想」を開示した言葉として受け取り直した。ヨーロッパを崩壊の淵に立たせる戦争の火災のなかで、使徒パウロの熱烈に古きもの、その言葉と遭遇する。

〈宗教改革的な聖書原理の地盤に固執することを非常に困難にしているものは何であろうか。これは決して容易に答えられるものではない。聖書に古さ、遠さ、なじみのなさ（例えばその「世界観」のなじみのなさ）が、それを非常に困難にしているわけではない。またゲーテやシラーや仏陀やニーチェが聖書と競いあい、聖書から心をそらせるように働いているからでもない。聖書を説くときにわれわれの宗教的霊感が拘束されると思うからでもない〉（「キリスト教宣教の危急と約束」Not und Verheißung der christlichen Verkündigung.『カー

ル・バルト著作集1』大宮溥訳（若干改訳した）、新教出版社、一九六八年刊）

それはもっと根本的な理由による。

〈聖書は、教会の状況の中に、人間の側からとは異なる別の側面から、新しい大きな（より大きな！）緊張に満ちた期待を持ちこんでくるので、われわれにとって不気味なのである。教会員が、教会のなかに、人間の生を問う大きな問いを持ち込み、それに対する答えを求めるとすれば、聖書は、逆に、まず答えを持ち込む。そして、聖書がそこで求めるもの、それは、この答えを尋ねる問いを問う人間である。この答えそのものを、まさしくそれにふさわしい問いへの答えとして理解し、求め、見出そうとする人間なのである〉（同右）

われわれは、これまで「人間の側」から聖書への問いを発し、答えを求めてきた。神学はながらく人間学の述語となってきたのであり、「人間」を至上とする近代世界ではそれが当たり前のことになってきた。しかし、そのことが突然、中止させられる。聖書が全く反対に「人間」を求め、問い糺す。予定論とは、そのひとつの苛烈な「問い」である。それは決定論や宿命論ではなく、神の側から差し出されている人間にたいする問いとなる。

西洋啓蒙主義以来の三百年、人間があたかも自明としてきたもの、今、それが巨大な疑問符となる。人間中心のヒューマニズムが根本から問い直される必要があるのではないか。ランダウアーがいうように、この「近代」が人類史における大きな「逸脱」の時代であり、ひとつの「過渡期」であるならば、さらに五百年以上前の宗教改革の時代——それはまた「近代」という時代精神をもたらした境界線であるが——の最深部には、危機の時代にたいする鋭利な言葉が堆積されている。豊かな言葉が眠っている。これから現われるであろう「テクノ人間至上主義」の「地獄絵」に対峙しうるのは、この神学的な手法を今一度、現在の地平において再発見する以外にはないだろう。

第2章　宗教と政治の狭間——二十一世紀の混沌の中で

1 〝宗教〟と〝宗教的なもの〟

「イスラム国」の衝撃

イスラム教スンニ派のテロ組織ＩＳＩＳ（自称イスラム国）が、中東地域を揺るがしている。「国」といってもこの組織は、シリアとイラクにまたがりイスラム法に基づく国づくりを目ざしているというが、イラク（フセイン政権）のバース党の勢力などを軸に、イスラム地域だけでなく、世界各地から志願兵を集めている。シリア内戦に介入後、その勢力を拡大させ、戦闘員は三万人以上を擁し、ミグ戦闘機も入手しているという。

日本はアメリカのイスラム国への空爆を支持し、欧米の側の情報のなかでしかこのテロ組織の実態を知ることができないが、ＩＳＩＳの残虐行為（少数民族の虐殺やジャーナリストの斬首処刑など）がクローズアップされ、中東地域の複雑に絡み合った宗教や歴史の経緯から、巨視的に見ることはなかなかむずかしい。ＩＳＩＳがイスラム教の本来の「平和」への理念からはずれていることは、素人目にもわかるが、イスラムの教義のなかにその行動を合理化するものがあるのは確かである。そもそも歴史的に見れば、第一次世界大戦後に中東地域が西洋列強によって分割され人工的な国境線を敷かれたことを思えば、それから百年を経て、〝文明の衝突〟が起こっていること自体は不思議ではない。

第一次大戦のさ中、オズヴァルト・シュペングラーは『西洋の没落』を書き、近代西洋文明がゆっくりと文明の周期のなかで冬へと移行していくことを予言的に語ってみせたが、二十一世紀の世界を眺めれば、その予言が白日のものとなりつつあることはよく感得されるだろう。ただしそれは、キリスト教＝西洋の黄昏と単純に考えてはいけない。

世界大戦の潮流は、ユダヤ教、キリスト教そしてイスラム教という「一神教」を理解しなければ、その本質を理解することはできないのである。それは個人の信仰や国家の宗教とは関わりなく、「一神教」を歴史的・文明史的に知るということである。

日本人はあまりにも「宗教」にたいしてナイーブである。キリスト教やイスラム教は「戦争ばかりやっている」といって、日本は多神教で汎神論的風土で「平和」であり、「排外主義的でない」といって済ましている知識人や文化人が、残念ながら少なくないのである。

このような宗教にたいする知的頽廃は、やはり大東亜戦争の敗北とアメリカの占領政策、そして戦後の左翼イデオロギー（無神論としてのマルクス主義）の影響を抜きに考えることはできない。この連載では、戦後日本のこのような情況をふまえながら、宗教と政治との関わりを多角的に考えてみたい。

政教分離とは何か

日本国憲法二十条の「政教分離」は、GHQが日本支配のプロセスのなかで、国家神道の実質的な解体をねらって制定したものであることはあきらかである。政教分離は、国民の信教の自由を守るために必要な概念であって、国家の機構が「宗教」をどのような次元においても排斥するということではない。たとえば刑務所は国家の機構であるが、そこにいる囚人なりがどのような宗教を信仰しようがそれは自由であり、もし政教分離を「国家はいかなる場合も特定の宗教を保護したりしてはいけない」と解釈するのならば、それ自体によって、個人の信教の自由が侵犯されることになろう。手段が目的を凌駕することは許されない。

日本国憲法二十条（私はこの憲法をGHQの日本解体という意味をこめて「敗戦憲法」と呼びたい）は、靖国神社への日本国首相の参拝のときなどに左翼勢力によって〝政治的〟に利用されてきた。これは国内だけでなく、中国や韓国などの「反日」勢力（同盟国たるアメリカ政府も然り）の外交的圧力にも用いられてきた。

政教分離に違反しているという論点は次のようなことである。靖国神社は宗教施設であり、そこに首相が職務として参拝することは、憲法二十条ならびに八十九条が規定する「政教分離」に違反している。さらに、政教一致であった戦前の国家神道の復活につながる。実際に、首相の公式参拝は一般人に与える効果、影響、社会的通念からして「宗教活動」であり、憲法違反であるという判決を地裁が出している。

一方、首相の靖国参拝は、特定の宗教法人への参拝ではなく、国のために亡くなった人々（英霊）を祀る、戦死者にたいする追悼施設への参拝であり、国家のために戦死した人々を追悼し顕彰するのは当然であるとの主張がある。国内の左派や外国からとやかくいわれるのはおかしい、ということである。各国がその国のために戦死したものを、国家として追悼・顕彰するのは当たり前である。

しかし、こうしたある意味「当り前」の論理が通用しないのは理由がある。「政教分離」の問題を、戦後の日本においてきわめて厄介にしているのは、明治以降のこの国の近代化、すなわち「宗教」の近代主義的解釈・応用に深く関わっているからである。実のところ「国家神道」の無力化というGHQの占領政策の次元だけでは、十分に見えてこないものがある。

明治維新において、日本は西洋列強と対峙するために西洋化としての近代化を選ぶことになった。アジアの諸国が、列強の植民地支配を受けていたことを考えれば、これは不可避の選択であったといえる。しかし、日本は「王政復古」によって「文明開化」をなすという論理を一方で保持していた。

そのためには「天皇」という存在を、近代の国民国家の形成の中心軸に置かなければならず、西洋近代国家の立憲君主のシステムを大日本帝国憲法に組み込むことになった。さらに国学、儒教、仏教、神道などの伝統的な思想なり宗教をどのように、近代化のシステムと同化させるのかという歴史的課題もあった。一言で言えば〈近代〉と〈古代〉との融合という特殊な思想・宗教的作業をなさねばならなかったということだろう。

徳川時代が終わり、新たな近代国家としての「日本」に民衆の心を結びつけるために、「市民宗教」が必要とされたのであり、それは仏教や儒教といったものを拡大することではできない性質のものであった。廃仏毀釈運動が失敗に帰したのは、世俗的世界における〈宗教的なもの〉(それは戦時期に「国家神道」として特殊形成されて、ファシズム的体制と合致するが)と、仏教なり神道なりの「宗教」の実質を混同したところに生じたといってよい。

近代市民社会は、「宗教」ではなく、あくまでも世俗化された〈宗教的なもの〉を必要とするのであり、「神道」という日本の(宗教というよりは、むしろ習俗・慣習・文化)伝統的なものが、天皇制度の国家装置化と照応して必要とされ、招来されたのである。それを単純に、戦前の「政教一致」ということはできないのである。問題は戦前と戦後を敗戦・占領によって分断してしまうことである。むしろ、今日の「宗教問題」は、この国の近代一五〇年のスパンで考えなければならない。その視点から、〈宗教と政治〉の狭間を見ていきたい。

（２０１２年12月）

2　イスラム過激派と「言論の自由」

フランスの「政教分離」主義

イスラム過激派のテロ軍団「イスラム国」の邦人二名の虐殺、ヨルダン軍パイロットの公開処刑など、平和ボケの日本も騒然となっている。世界はイスラム教を旗印にする過激派組織と米軍を軸とするいわゆる有志連合との〝戦争〟に突入した。

イスラム国は、一九一六年の英国・フランス・ロシアによる「サイクス・ピコ協定」（西洋列強による中東イスラム地域の分割支配の密約）の廃棄、一九二二年のオスマン帝国の崩壊でなくなったカリフ制の再興など、イスラム教の「宗教」の原理的再生を主張しているが、これは各国のイスラム教信徒の信仰を代弁したものではなく、極端な宗教原理主義であり、これによってキリスト教（十字軍）vs イスラムという宗教対立の構図を見るのはあやまりであろう。しかし、一方でイスラム国の非道な行為を支持する勢力や戦闘員として参加する若者が後を絶たないのであり、グローバリズムや移民政策などの政治・経済の現実もそこに深く関わっているのはいうまでもない。

移民の排斥や反イスラム主義を掲げるフランス「国民戦線」党首マリー・ルペンは、パリの週刊新聞『シャルリー・エブド』の襲撃に始まった連続テロについてこう語る。

〈テロは手段に過ぎません。テロを生み出す理念こそが問題なのです。原理主義はイスラムのがん細胞。摘出しないと健康な細胞まで侵し、どんどん増殖する。フランス社会を分裂させ、自分たちだけの社会を内部形成しようとする。そうなれば、政教分離の原則は崩壊するでしょう。政治は長年、この現実に目をつぶってきました〉（朝日新聞二〇一五年一月二十七日朝刊インタビュー記事「フランス社会の混迷」より）

フランス社会は、右翼であれ左翼であれ「政教分離」への伝統的な執着、それこそ理念が強い。今回の週刊紙へのテロ事件であらためて、フランスにおける「ライシテ（laïcité）」と呼ばれる政教分離主義が浮きぼりになった。近代国家は宗教と政治を分けることから出発したが、ことフランスのライシスムは、十九世紀後半に政治的野心を持っていた教権主義的カトリック勢力にたいして、共和派が自律志向の政治を目ざすために強く主張した。一九〇五年の政教分離法は、フランス革命の王殺しの後になお残留していた「神」を完全に葬り去ることであった。ライシテという言葉自体は、在俗のキリスト教徒を意味するラテン語「ライークス」からきているが、フランスの政教分離は、フランス革命以来の神にかわるものとしての人間理性を絶対化する伝統に根ざしている。

「狂人とは理性を失った人ではない。狂人とは理性以外のあらゆるものを失った人である」（ギルバート・ケイス・チェスタトン）との卓抜した警句を思い出すが、問題は、今回の週刊紙編集部への銃撃テロは、偶像礼拝を禁じアッラーの神、預言者ムハンマドを絶対視するイスラム教徒からすれば、許しがたい「宗教」と「信仰」に対する侮蔑、冒瀆への対抗である。ローマ教皇もいったように、これは「言論の自由」の行き過ぎた暴力である。これを「理性」の狂気と呼んでも過言ではないと思われるが、今、世界で起っているのは、イスラム教の原理主義の台頭であると同時に、フランスに代表される近代主義としての「政教分離」にたいする「神」の復讐といってもよい。

それは西洋近代の普遍的な価値としての「自由」や「民主」等の理念を、根本的に問いかえさずにはおかないのである。日本人は明治近代化以来、西洋文明を享受することで近代国家を成立させ、帝国主義の西洋列強の〝仲間入り〟を果たし、さらに大東亜戦争において自らの内なる西洋技術文明と日本主義との葛藤を体現したが、敗戦そしてＧＨＱによる占領以降七十年余にわたり、アメリカニズムというラディカルな「西洋」主義にどっぷりと浸かってきた。フランスのような「宗教」にたいする「理性」主義の圧倒という伝統的な原理によるものではなく、ＧＨＱの「神道指令」を原点とする「宗教」にたいする奇妙な無神論的心理とでもいうべきものが、国民心理の底に澱《おり》のように沈殿しているのである。

日本人の何が問われているか

前回も少し触れたが、日本国憲法の第二十条の政教分離の規定は、ＧＨＱの「神道指令」によって、日本人の精神的武装解除のために戦前の天皇制と結びついた国家神道を徹底して解体するための「絶対的政教分離」の原則で解釈されてきた。しかし本来、政教分離は個人の信教の自由を、国家なり政治権力なりが侵犯することがないために設定されたと考えるのが通常であり、戦後の「絶対的政教分離」はひとつのイデオロギーと化しているといってよい。

靖国問題とはこの戦後イデオロギーによって惹起されたものである。皇室の皇位継承儀式も政教分離に違反するとして、「天皇家の私的行事」として行うべきであるといった主張も同じように本末転倒のイデオロギーであることはいうまでもない。それはまさにこの国の文化伝統を破壊する所業以外の何物でもないだろう。「イスラム国」の台頭によって、では日本人は今、何を問われているのか。イスラム政治思想研究者の池内恵は、日本社会は自分たちとは違う原理で成り立っている社会の存在を直視し、どう向き合うかを考えなければならないという。

〈日本社会は、何を基準にしているのか。少なくとも神中心ではなく、人間中心で、個人の自由を基準に生きている。ならばこの社会がどういう（個人の自由や人権尊重といった）普遍的価値観を持っていて、それをどう実現していくかを、第三者にも通じる形でもっと明確に定義しなければならない。日本の民主主義や市民社会の成熟度が問われている〉

（産経新聞二〇一五年二月四日付インタビュー記事より）

たしかに「日本社会の成熟度」が問われているのだろう。イスラムという「他者」が立ち現れているからだが、そのとき問われているのはただ「日本の民主主義や市民社会」なのだろうか。そもそも「民主主義」とは何か、「市民社会」とは何であるのか、がまず問い返されなければならないのであり、そのとき民主主義という政治制度が、戦後の日本社会においては「戦後民主主義」と象徴的に呼ばれたように、反体制・反国家的なイデオロギーとして作用してきたことを忘れるわけにはいかない。

しかし、民主主義はむしろ「宗教」という価値を対峙するものとして必要としている。一九四六年生まれのフランスの哲学者マルセル・ゴーシェは、宗教（キリスト教）からの脱出の進展とともに、「民主主義は危機に陥った」と指摘していた。

〈ラディカルな民主主義――フランスはその揺りかごであった――の考え方を理解するには、民主主義をそれにとって他なるものの前に立たせ、民主主義が宗教にどのような位置を与えているかを、関係的にとらえるしかない〉（マルセル・ゴーシェ『民主主義と宗教』伊達聖伸・藤田尚志訳、トランスビュー、二〇一〇年刊）

しかしフランス社会ではこの他者としての「宗教」は弱まり、人間中心主義が成り立つために、その「引き立て役」として実は必要であった「神」は死んだのである。ゴーシェは、もはや誰にも「人間は神に結び付けられているものだと、信じることはできな」くなっている、という。このようなフランス社会が、イスラムという新しい一神教の原理主義に内側から（移民政策の結果）直面しているのは皮肉な光景であるが、問題はかの国よりもわれわれ日本（人）であろう。戦後の日本社会は「宗教」の何たるか、という本質的な問いをほとんど発してこなかった、いや、発する文化的・伝統的な基盤を喪ってしまったからである。

今、このことが鋭く問い返されているのをまず痛感しなければならないのではないか。

（2015年4月）

3　戦後七十年目に問われていること

戦後七十年目を迎えたことを機に敗戦後の「宗教」にかかわるいくつかの問題を考えてみたい。

国文学者の折口信夫は大東亜戦争の敗北に大きな衝撃を受けた。八月十五日の昭和天皇の玉音放送を聞いた折口は、その後、箱根の山荘に籠《こも》り、そこで四十日の間、深い憂いと思索に耽《ふけ》った。三百万余りの死者を出し、日本は何故かくも惨めな敗北を喫したのか。

しづかなる山野に入りて、思ふべく　あまりにくるし――。国はやぶれぬ

日本の敗北はアメリカの圧倒的な軍事力と経済力によるものだというのが、今日に至るまでの国民の一般的な思いであろう。工業力、科学力、さらには資源などの物量の差は開戦の前か

らあまりにも歴然としていた。それは戦術や戦略によっては逆転できないものとしてあった。しかし、折口信夫は日本の敗北をまったく別のところに見ていた。彼によれば、それはアメリカ人の宗教、その「神」の強い信仰の前に、日本人の信ずる「神々」が敗れ去ったというのである。

〈昭和二十年の夏のことでした。まさか、終戦のみじめな事実が、日々刻々に近寄っていようとは考えもつきませんでした。その或日《あるひ》、ふっと或啓示が胸に浮んで来るような気持がして、愕然《がくぜん》と致しました。それはこんな話を聞いたのです。あめりかの青年達がひょっとすると、あのえるされむを回復する為に出来るだけの努力を費やした、十字軍における彼らの祖先の情熱をもって、この戦争に努力しているのではなかろうか、と。もしそうだったら、われわれは、この戦争に勝ち目があるだろうかという、静かな反省が起っても来ました。（略）それは、日本の国に果して、それだけの宗教的な情熱を持った若者がいるだろうかという考えでした〉（「神道の新しい方向」昭和二十四年六月）

宗教的情熱の不足

これは一見すると、何か突飛な考えのようにも思える。「宗教的な情熱」が十分に足らなかったために、日本はアメリカに敗れた。近代戦争の物理的な側面を無視した精神論のようにも見える。しかし、折口の問いは、戦後の日本人に向けられた極めて重要なものであった。昭和二十年三月の硫黄島の戦いで、折口は寵愛していた養子を亡くしていたが、日本の敗北を個人の悲しみとしてではなく、また物理的な戦闘の敗北としてではなく、むしろこの国の民が有史以来初めて遭遇した魂の次元における艱難《かんなん》としてとらえたのである。このような発言をなした人物は極めて稀《まれ》であった。日本人の宗教と伝統文化を国学および国文学の立場から探求してきた民俗学者にして、初めて発せられた問いであったといってもよい。

折口はこのような観点から、八月十五日の玉音放送よりも、昭和二十一年の元旦の詔書、昭和天皇のいわゆる「人間宣言」を問題視した。歌人としても著名であった折口は、歌集『近代悲傷集』に「神　やぶれたまふ」という詩をしたためた。

神こゝに　破れたまひぬ——。すさのをも　おほくにぬしも　青垣の内《ウチ》つ御庭《ミニハ》の　宮出でゝ　さすらひたまふ——。

神いくさ　かく力なく　人いくさ　然も抗力《アヘ》なく　過ぎにけるあとを　思へば　やまとびと　神を失ふ——日高見《ヒタカミ》の国びとゆゑに、おのづから　神は守ると　奇蹟《シルマシ》を憑む　空しさ。信なくて何の——奇蹟——。

戦前の日本において、天皇は「神」のような存在として崇められた。神道は、そのような明治以降の天皇を国家の中心とする体制と結びつけ、国家神道と呼ばれた。敗戦によって、この体制はＧＨＱ（占領軍）による改革で完全に覆《くつがえ》された。天皇の「人間宣言」は、占領軍による国家神道解体命令（昭和二十年十二月十五日）の一端であった。折口は、そこに日本人の「神の死」の姿を明視したのだった。外国人の占領下において、「神」は「さすらう」ほかはないのだ、と。ここには、一人の宗教家として、敗戦と占領という現実に向かい合った者の根源的な問いかけがある。そこでは必ずしも神道の立場に留まらず、日本人そのものの信心と宗教心を掘り下げたかたちで語ることになったのである。ちなみにこの「神の死」の問題は、昭和四十一年に三島由紀夫が『英霊の声』という異様な小説で取り上げる。

日本的霊性の再発見

仏教者としての立場からこの日本の戦争と敗戦を宗教的問題としてとらえたのが、鈴木大拙であった。大拙は、石川県金沢市に生まれ、二十七歳でアメリカに渡り、英文にて『大乗仏教概論』をロンドンで出版。足掛け十三年もの間、主にアメリカの地にあって仏教と東洋思想の真髄を明らかにしようとした。戦時中、『日本的霊性』を著したのは有名である。敗戦後、大拙は『霊性的日本の建設』『日本の霊性化』という本を相次いで出版した。『霊性的日本の建設』の序文で、敗戦について次のようにいっている。

〈後世の史家はどう云うかわからぬが、今日の吾等の目では、今までの日本は亡びたのである、「二千六百年」などと云って騒いだ日本は亡びたのである。今までの日本を支えて居たと考うべき制度や思想は、ことごとく再検討を要請せられる〉

亡国の中からよみがえるべきものは何か。それは、国家権力と結びついた「神道」ではなく、また近代の「科学」でもなく、大地の底に深く根を下ろし、その枝葉を天空に向けて広げていくところの「霊性」の力であるという。実際に食べるものもなく、飢え彷徨《さまよ》う日本人に、大拙は人間の存在の底にある「飢え」を満たすものとして、このメッセージを送ったのである。

宗教改革者のジャン・カルヴァンは、次のように語った。

〈私たちの魂を養う「霊的な食物」が不足している場合はどうでしょうか。これを必死で捜し求めて、これによって満たされたいとは思わないのです。その結果、自分が滅び行く

哀れな状態にあることを感じることなく、そのまま終わりを迎えてしまいます〉（『霊性の飢饉』野村信訳）

空腹なときに食べ物を求め、喉《のど》が渇けば水を飲む。これは人の自然な行為であるが、人間の魂が飢え渇いているときはどうなるのか。戦後七十年目を迎えている現在の日本社会は、個々の人々ばかりだけではなく、国家そのものが「霊的な食物」の深刻な不足のなかにあるように思われる。経済や環境、政治や外交、安全保障の問題など、さまざまな危機が取り沙汰されてはいるが、その最たる危機はこの国の民の、そして国力の減退である。

二十世紀のユダヤ教の神学者に、エイブラハム・ヘッシェルという人物がいる。ユダヤ人のホロコーストを生き延び、アメリカに渡り一九六〇年代よりキング牧師らとともに黒人公民権運動のリーダーとして活躍し、ベトナム反戦運動にも参加した指導者でもある。また、第三次中東戦争に際し、祖国イスラエルとアラブ諸国との和解を求める道筋を宗教者として示した。このヘッシェルは、旧約聖書のイザヤ書の預言について次のように語っていた。

〈イザヤは政治を解決策として信用することができなかった。政治それ自体が、その思い上がりと正義の無視を含めて、問題だからだ。人類は霊的に病んでいるときは、政治的知恵よりもっと根本的な何かが、安全保証の問題を解決するのに必要なのだ〉(『イスラエル預言者』上巻、邦訳、一九九二年、森泉弘次訳)

折口信夫や鈴木大拙が敗戦後の日本人に問うた宗教的課題は、残念ながらほとんど顧みられることなく今日に至っている。文明の衝突としての「宗教」が問題化されているとき、日本人はそれにたいして何ら本質的な対応をなすことができない。前回、イスラム国の台頭などにたいして池内恵氏の「日本の民主主義や市民社会の熟成度が問われている」というインタビュー記事を紹介したが、おそらく問われているのは日本人の「宗教」にたいする感性であり、まさしく日本的霊性なのである。安倍首相による歴史認識問題の「談話」がこの夏に出されるというが、そこに日本人の宗教性を踏まえた歴史への対峙が盛り込まれる必要がありはしないか。

(2015年夏)

4　安倍首相の戦後七十年「談話」に欠落するもの

周知のように安倍晋三首相は、戦後七十年の「談話」を八月十四日に発表した。その発表の様子を当日私もテレビで見ていたが、首相がゆったりとした口調で、堂々と語っていたのが印象的であった。「侵略」や「お詫び」、「反省」の言葉が入っているかどうかと、中国や韓国の手先と化しているような『朝日新聞』などのメディアは問題視していたが、また事実一部の報道では「謝罪の主体がはっきりしない」などのイチャモンをつけていたが、全体を通してみれば今回の安倍「談話」は有識者会議「21世紀構想懇談会」の報告書を参考にしつつバランスの取れた内容になっていたと思う。

ここでは少し別な視点から、この「談話」について分析を加えたい。

今回の「談話」で注目すべき点のひとつは次のくだりである。

〈日本では、戦後生まれの世代が、今や、人口の八割を超えています。あの戦争には何ら関わりのない、私たちの子や孫、そしてその先の世代の子どもたちに、謝罪を続ける宿命を背負わせてはなりません〉

これは七十年という歳月をふまえての歴史認識のあり方の根本に関わることである。つまり、中国や韓国およびアジアの国々への「謝罪外交」に区切りをつける意味で、これまでにない明確な態度表明である。

西ドイツの四十年

この文言は一九八五年五月三日、ドイツの敗戦四十年記念日のリヒャルト・フォン＝ヴァイツゼッカー大統領（旧西ドイツ）の演説をふまえている。ヴァイツゼッカー演説は、ナチス・ドイツの戦争責任とユダヤ人へのホロコーストという人類史上まさに未曾有の犯罪について、四十年という歳月に特別の意味を附して語ったもので、その後の東西ドイツの統一への道を開く画期的な内容であった。以下はその中の一節である。

〈今日われわれのこの国に住む圧倒的に大多数の者は、あの当時、まだ子供であったか、あるいはまだ生まれてもいなかったのであります。そのような者は、自分が犯してもいない犯罪について自分の罪責を認めることはできません〉

これは世代交替の宣言だけでなく、未来へと目を向けるべきであるということだが、もちろん大統領は過去を忘却すべきではなく、「罪責があろうがなかろうが、年を取っていようが若かろうが、われわれはこの過去を引き受けなければなりません」と言い、過去に起こったことがらを真剣に記憶に保つことの重要性を説く。このくだりは安倍「談話」での、先の一節にすぐに続く次の部分と重なるだろう。

〈しかし、それでもなお、私たち日本人は、世代を超えて、過去の歴史に真正面から向き合わなければなりません。謙虚な気持ちで、過去を受け継ぎ、未来へと引き渡す責任があります〉

ただし付言しなければならないのは、ヴァイツゼッカーの「過去の罪責」云々は、ナチス時代のユダヤ人の民族絶滅の「犯罪」にふれる文脈で語られていることである。さらに重要なのは、大統領はホロコーストという過去の拭いきれない罪責を、ただナチス時代のドイツ国家と国民の十字架としてだけではなく、キリスト教の歴史そのものに根ざす反ユダヤ主義（ユダヤ人への迫害や虐殺はヒトラー独裁下のドイツに特有のことではなく、ロシアでも他のヨーロッパ諸国においても、それ自体長い歴史的な出来事である）との深い連関のなかに、暗に置いている点である。

つまり、それは演説の最後で「四十年」という時間の聖書的な意味を引き合いに出しているところである。

〈人間の一生におきましても、諸国民の運命の歴史における時間区分におきましても、四十年というのは、大きな役割を果してまいりました〉

として、旧約聖書を例にとり、エジプトを脱出したイスラエルの民は、約束の地への進入をもって始まる歴史の新しい一章が刻まれるまで、四十年間、荒野に留まらなければならなかったことを述べている。それはイスラエルの民が荒野で犯した罪（偶像礼拝など）に、責任がある地位にあった「父たちの世代」が完全に交替するまでに四十年の歳月が必要であったということである。大統領は慎重に、この歳月は「暗い時代の終わり」と「新しいよき将来」への時のはじまりだけではなく、「忘却の危険」でもあり、次の時代もまた歴史の中に生じたことを忘れてはならない責任があると語っているが、いずれにせよユダヤ人のホロコーストという十字架を、ヨーロッパのキリスト教社会共同体（コルプス・クリスチアヌム）のなかで乗りこえるために、四十年という聖書的な歴史時間を巧妙なレトリックとして用いているのである。

この演説は日本では「荒れ野の四十年」と題され、翻訳刊行されたが、まさに敗戦後四十年のドイツ人の歴史を、旧約聖書の出エジプトの民の歴史と重ね合わせているところが、きわめて重要なのである。旧約はキリスト教にとっても聖典であり、ユダヤの民の真理の書物である。キリスト教そのものから生じた反ユダヤ主義は、かくしてナチス・ドイツの人類史的犯罪と重ねられ、西洋のキリスト教会がユダヤ人とともにあるという宗教的メッセージが全面に打ち出される。

すなわちヴァイツゼッカー演説においては、政治と宗教とが、長大な歴史と四十年という歳月のなかでクロスさせられており、そのことによってヨーロッパ諸国のみならず、冷戦構造の中にあるアメリカとソ連という超大国や、ナチス時代のホロコーストに傍観者的立場をとったバチカン（ローマ教皇）勢力さえも説得するインパクトを持ちえたのである。

あの戦争の中の〝宗教〟

安倍首相の戦後七十年「談話」には、このような政治をこえた（あるいは動かしうる）宗教性のバックボーンが決定的に欠けている。それは戦後日本における〝政教分離〟の特殊性の問題もあるし、前回ふれたように折口信夫や鈴木大拙が敗戦後の日本人に問うた宗教的・信仰的課題が、この七十年間ほとんど問い直されることがなかったという現実がある。

しかしそれ以上に、「自由」「民主主義」「人権」といった「基本的価値」を堅持し、その「価値を共有する国々と手を携えて」というくだりに象徴されるように、この「談話」があくまで欧米の、西洋流の近代的価値（むろん日本も明治期以降の近代化でそうした価値を受容したのだが）をのみ全体の骨格としているのが問題なのではないだろうか。もとより現代の世界においてこうした近代的・文明的価値をないがしろにするべきではないし、中国のような自由と民主主義のない非文明的超大国と対峙《たいじ》している現状を考えれば、安倍首相のいう「積極的平和主義」の意義は大きい。だが、先の大戦、大東亜戦争からの敗北七十年という区切りをいうのであれば、あの戦争が西洋的な近代的価値とは別の、東洋の歴史と宗教性を孕《はら》んでいたことを（大東亜共栄圏や昭和十八年十一月に東京で開催された大東亜会議での「大東亜共同宣言」など）実は底流に置くべきではなかったか。それをあからさまに表明せずとも、言説の背景となすことはできるであろう。

たしかに西洋列強の植民地支配にはじめて言及し、「日露戦争は、植民地支配のもとにあった、多くのアジアやアフリカの人々を勇気づけました」との冒頭での言葉はそれなりに評価できる。グローバリズムの状況のなかで普遍的なる価値が絶対化されているように見えるが、歴史を（歴史家としてではなく、政治家としても）語るさいには、その国や民族の宗教的バックボーンを抜きにすることはできない。

大東亜戦争はかつて中国文学者の竹内好が指摘したように、アジアの植民地支配からの解放と西洋型の帝国主義傾向の二面性があった。満州事変以降の日本の中国大陸への進出を考えれば、帝国主義の侵略戦争であった。そのことを認めつつも、あの戦争と敗北の根底にいかなる意義があったのかは、改めて今日、日本人自身によって議論されなければならない。そのとき日本と日本人の宗教性のあり方が根本的に問われるのである。

（２０１５年秋）

5　中東問題とイスラーム……1

年明けにサウジアラビアとイランの国交断絶という衝撃的なニュースが飛び込んできた。サウジアラビアがシーア派高位聖職者のニムル師を一月二日に処刑（サウジはスンニ派の盟主であるが、シーア派が約半数いるサウジ東部で、シーア派の大国イランの対外工作として反体制活動を指導していたとの理由）したことがきっかけである。ニムル師処刑に抗議する群衆によって、イランのサウジ大使館が襲撃され、サウジは国交断絶を通告した。

いずれにしても、スンニ派過激組織ＩＳ（「イスラム国」）の台頭は、一九八〇年のイラン・イラク戦争ではじまった、シーア派対スンニ派のイスラームの宗派と政治の絡んだ対立を激化させている。

日本人はイスラームに関しては、七〇年代のオイル・ショック、ホメイニーのイラン革命、イラン・イラク戦争以来、石油資源や通商貿易の面から関心を寄せざるをえぬことになってきたが、イスラーム文化圏についての一般の人々の興味はむしろ近年のことだろう。つまり中東問題を理解するには、イスラームへのいくばくかの知識や関心が不可欠になっているのである。

しかし、イスラームに近づくためには、前提としてユダヤ教とキリスト教への理解が必要になってくる。ユダヤ教は民族宗教、キリスト教とイスラームは世界宗教と呼ばれているが、世界の三大宗教として、この三つの宗教の根本的な同一性をまず把握しておかなければならない。アブラハム宗教といういい方が、それを象徴している。

セム的一神教の誕生

アブラハムの登場は、紀元前一万年から前三〇〇〇年頃までの新石器時代、前三〇〇〇年から前一二〇〇年頃まで続いた青銅器時代、絵文字と楔形文字が生れそれが発達して前一七〇〇年頃にアルファベットが生れ民族や国家が誕生していく時代など、人類史における何度かの文化革命のなかで、新たな革命をもたらした。すなわち一神教の出現である。

旧約聖書の創世記十二章では、アブラム（はじめはそう呼ばれていた）が、神の召命を受けたことが記されている。


〈主はアブラムに言われた。「あなたは生まれ故郷　父の家を離れて　わたしが示す地に行きなさい。わたしはあなたを大いなる国民にし　あなたを祝福し　あなたの名を高める。祝福の源となるように。あなたを祝福する人をわたしは祝福し　あなたを呪う者をわたしは呪う。地上の氏族はすべて　あなたによって祝福に入る。」アブラムは、主の言葉に従って旅立った〉（新共同訳）

前二〇〇〇年から前一九〇〇年のあいだにセム族のなかから誕生したアブラハムは、彼自身の来歴は聖書にほとんど記されていないが、カルデアのウルという町（バビロニア時代）から、神の命を受けて、諸国民の父祖としてカナンの地に入る。カナンは古代の名称で、今日のヨルダン河西部の全域を指した。神はその土地を彼と彼の子孫に永久の所有地として与えることを約束したのである。アブラム（偉大な父）は、そのときアブラハム（多くの人の父）と名乗ることを命じられた。

一神教の歴史は、このアブラハムとその子孫、イスラエルの民によって始まるものであるが、そこから紀元一世紀にキリスト教が、さらには紀元六世紀にはムハンマド（マホメット）によるイスラームが誕生してくる。セム的一神教こそ、人類の文明全体に決定的な影響をおよぼすことになったのである。

『コーラン』の日本語版の翻訳者でもあり、イスラーム学の権威であり、東洋思想の全体像を示した井筒俊彦は『イスラーム文化――その根底にあるもの』（一九八一年）で、「神の世界創造以来、人間の間に現れたあらゆる預言者のなかで、アブラハムこそ純粋無雑な一神教徒であり、ユダヤ教徒でもなく、キリスト教徒でもなく、絶対的一神教の精神そのものの体現者であります」といっている。

〈その後、モーセがユダヤ教徒として、次にイエスがキリスト教として同じ「永遠の宗教」を二つ違った歴史形態で実現したのですが、イスラームに言わせれば、残念なことにこれら二つの宗教は、もはや、かの「永遠の宗教」をもとの純正な形では保存できなかった。それをいまムハンマドが現れてまたもとの本源的な姿に戻そうというのでありますそれがムハンマドの構想したイスラームのあり方です。だから、この意味ではイスラームという宗教は決して新しい宗教ではありませんでした。新興宗教ではなくて、むしろ古い宗教、永遠に古い宗教です。ユダヤ教とキリスト教による歪みを全部もとに戻して、「アブラハムの宗教」を根源的、形而上学的に最も純正な形、つまり真にアブラハム的な姿で、建て直そうとするもので、それはあったのです〉（『井筒俊彦著作集2 イスラーム文化』中央公論社）

ユダヤ教そしてキリスト教があって、そこからイスラームが生れたというのではなく、イスラームは「アブラハム宗教」の復活である。この強いアブラハムへの回帰という本源性に立つところに、イスラームの強固な信仰と信仰共同体が成立している。

シーア派的したたかさ

そしてイスラームを考えるうえでさらに重要なのが、その宗教の発展史のなかでの、アラブ人とイラン人（ペルシャ人）の精神文化の相違である。

アッラーの啓示がアラビア語の『コーラン』であることは決定的である。聖典がアラビア語で啓示されたことは、イスラームが世界宗教、普遍的宗教になるときに、アラブ・アラビア語の優越をこえたコスモポリタン的な宗教共同体を形成していかなければならない道筋となる。このウンマ（共同体）は、宗教のもとに法や政治や軍事をふくむ現実的・世俗的な方向性を確立していく。イスラームの大多数を占めるスンニ派は、この共同体の宗教を支えるイスラーム法を律法主義的に守る傾向にもなり、それに対してイラン的イスラーム、つまりシーア派は宗教的霊性や精神性・内面性を求める方向性を打ち出していく。

井筒俊彦は、このシーア派のイスラーム文化を「内面への道」という言葉で表現している。

〈一般にシーア派的現象を理解する上で、どうしても心得ておかなければならないことがあります。それはイラン人が一般的に本来、著しく幻想的であり、神話的であり、その存在感覚において、いわば体質的に超現実主義者、シュールレアリストであるということでありま す。この特質はイランの文学や美術によく表れておりますが、この点でイラン人は、感覚的で現実主義的なアラブと対照的です。しかもその同じイラン人が、外面的世界、つまり現実の世界に戻ってきて、純外面的なものを考えるとなりますと、こんどはたちまちまさに極端にドライな論理的人間に早変わりしてしまう。（略）思考において徹底的に論理的、存在感覚においては極度に幻想的、この二つを一つに合わせたものが、やや大ざっぱな言い方になりますけれど、一般にイラン的人間の類型学的性格です〉（同前）

イラン革命の宗教的な熱狂や、今回のサウジの国交断絶にたいして、サウジとＩＳとの間（スンニ派内部での対立）の争いの状況を見こして、断交からすぐに関係の修復を主張したりする「ドライな論理的人間」イランのしたたかさには、井筒の指摘するようなシーア派（イラン的イスラーム）の特徴があらわれているともいえるのではないか。

近代国家や西洋の近代主義の基準で、現代の中東紛争や、テロリズムと戦争の現実を分析するだけでは不十分なのである。第一次大戦後のオスマン帝国崩壊による、イギリス、フランス、ロシアなどの中東分割（民族や宗教を無視した国境線）の百年の歴史が、千年二千年以上の宗教と歴史の巨大な流れに呑み込まれているからである。政治と宗教の、まさに複雑な連関と狭間をこそ、見なければならないのである。

（２０１６年新年）

6 中東問題とイスラーム……2

二十世紀のユダヤ教の神学者にエイブラハム・ジョシュア・ヘッシェルという人物がいる。マルティン・ブーバー、エマニュエル・レヴィナスと並ぶユダヤ教思想家であるが、日本ではブーバーやレヴィナスほど知られていない。『イスラエル預言者』『人は独りではない』『人間を探し求める神』『イスラエル　永遠性のこだま』『シャバット』などの主要な著作が森泉弘次氏の翻訳で教文館から出版されており、森泉氏による『幸せが猟犬のように追いかけてくる』と題された書き下ろしの評伝も刊行されている。

ユダヤ教ハシディズムのラビの家系であり、ナチスによる迫害のため米国に渡り、キング牧師やラインホルド・ニーバーと公民権運動やベトナム反戦運動にも関わった、アメリカなどでは著名な哲学者、神学者である。その生涯と思想については翻訳された著作を直接読んでもらえばよいが、神学書というよりは、われわれ人間の魂と精神へ、宗教や宗派をこえて直接にうったえかける圧倒的な言葉の力に満ちた著述である。

ヘッシェルは、ユダヤ教とキリスト教の対話の道を切り拓いた点で、今日最も重要な宗教家であると思われる。ヘッシェルの旧約聖書のイザヤ書についての文章を、本章第3節で紹介したが、「政治的」な行き詰まりを、人間の霊性が「病んでいる」ことに帰する、その預言者的な視座は、きわめて必要な事柄であろう。

「同じ神」に仕える

森泉氏は先程あげたヘッシェルの評伝の中で、「キリスト教の歴史的意義」はヘブライ語聖書を「全世界の異邦人」に広めたことであるという見解を紹介し、次のように指摘している。

〈彼によれば、ユダヤ教徒にとってモーゼがシナイで受けた天来のトーラーとそれにもとづくミツヴォットを黙々と実行していく道が運命（destiny）であり、キリスト教徒にとってはトーラーの伝統を受け継ぐ革新的なイエスの教えに従って、世界中の異教徒にヘブライ語聖書の真理を広めるのが運命である。二つの宗教は別の道を通って同じ神に仕えている。ユダヤ教徒をホロコーストにさらしたナチスは、ナチスに迎合したドイツ・キリスト者教会に反対した告白教会の牧師と信徒をも迫害した。両宗教は人間の存立を脅かす破壊的勢力に対して協力して立ち向かうべきである。人種差別や侵略戦争に抵抗すべきである、と考えていた〉（森泉弘次『幸せが猟犬のように追いかけてくる』二〇〇一年、教文館刊）

「ミツヴォット」とはユダヤ教の誡め、戒律であり、モーセが神より伝授された十戒はその中核としてある。パウロはユダヤ教の形式的な律法主義から、キリストの十字架の福音によって人々の純粋な信仰、すなわち異邦人にも神への信従の道を開いたが、それは決してユダヤ教の否定でもなければ、改革でもなかった。むしろ、イエス・キリスト教団こそ「トーラーの伝統を受け継ぐ」真理として、世界宗教としての道を切り拓いたのである。

「二つの宗教は別の道を通って同じ神に仕えている」という考え方はきわめて重要である。なぜなら、それはもう一つの宗教、イスラームとの新たな関わりへの視座を形成するからである。

前回、イスラーム学の権威であり、東洋思想の全領域へとその哲学的思想を展開した井筒俊彦の『イスラーム文化——その根底にあるもの』（一九八一年）を引用したが、そこでいわれているイスラームは新興宗教ではなく、「永遠に古い宗教」つまりアブラハムの起源的宗教であるという指摘——〈ユダヤ教とキリスト教による歪みを全部もとに戻して、「アブラハムの宗教」を根源的、形而上学的に最も純正な形、つまり真にアブラハム的な姿で、建て直そうとするもの〉であるとの考えに結びつければ、ムハンマドの構想したイスラームをふくめて、

「三つの宗教は別の道を通って同じ神に仕えている」というテーゼを示すこともできるのではないだろうか。

中東平和のヴィジョン

ヘッシェルは当然のことながら、この「三つ目」のイスラームの宗教との今日的対話と、そこに展開されるべき「平和」の可能性を模索していた。『イスラエル 永遠性のこだま』（森泉弘次訳、一九九九年、教文館刊）のなかでは、アラブ民族とイスラエル民族のパレスチナの地における共生について、次のような壮大なヴィジョンを示している。

〈平和な状態であればハイファから北方のベイルート、ダマスカス、東方のアンマンとさらにその先へ、そして南方のカイロへと連絡路が縦横に走っているさまを想像できる。現在はふさがっているこれらの動脈路が開通すればこの地域の生活、思想、商業が大いに刺激されて、想像を絶する発展を遂げるであろう。南ネゲヴを越えると、ナイル河と肥沃な三日月地帯とを結ぶ連絡路が、現行の政治的管轄権をいささかも変えることなしに再開できる。（略）農工開発における経済協力は、ヨーロッパ共同体を特徴づけているような脱国家的協定を実現させるであろう。（略）国境の両側にある科学的研究と高等教育の施設を使って、イスラエルの若者とアラブの若者とは協力して学問的討論を行うことができるであろう。そうすることで古来の偏見は知的領域における自由な対話から生まれる新しい理解と尊敬にとってかわられるであろう（略）このようにして、この地域の多様性を考慮するなら、古今未曾有のまったく新しい物語が東地中海を横断してくりひろげられるであろう。史上はじめて地中海沿岸諸国は一つも属国ではなくなる。すべての国が主権の自由を与えられている。（略）中東は地的リヴァイヴァルの可能性を豊かにはらんでいる。かつてはアレキサンドリア、ベイルート、アンティオケアなど学問の府が大いに栄えた時代、あるいはそれより六百年後にユダヤ教、キリスト教、イスラム教三宗教の学者たちが哲学と神学上の問題についてバクダッドで自由に対話できた時代にも匹敵する知的リヴァイヴァルの可能性を〉

現在の中東地域の状況を見れば、これは理想論であり夢物語のように映るかも知れない。西洋の近代国家がつくった国境線をこえて「脱国家的に」侵行するのは、銃火器を携えて暴力支配をめざすＩＳ（「イスラム国」）であり、ヨーロッパ共同体そのものもユーロの崩壊による解体の危機に直面している。ユダヤ教とイスラーム教の対立もさることながら、イランとサウジアラビアの対立のように、シーア派とスンニ派のイスラーム宗教内の対立が、政治の混沌と絡んで対立と緊張を増幅させている。それはもちろん中東地域だけでなく、フランスの同時多発テロのように世界をテロリズムと戦争の嵐へと巻き込みつつある。

しかし、むしろそうであるからこそ、このヘッシェルの中東平和のヴィジョンは、ただ中東文明の未来への楽観的な期待ではなく、近代文明のテクノロジズムや資本主義の末期的な金融グローバリズムを乗り越えていく、宗教的な基盤性による信仰的ヴィジョンとして捉え直す価値がある。人類の「地的リヴァイヴァル」の可能性は、ユダヤ教・キリスト教そしてイスラームの宗教全体が「同じ神」を発見したことの真理の深さを、文化的多元主義とポスト近代主義のなかで、再び知ることによって実現されるだろう。

（２０１６年春）

7 中東問題とイスラーム……3

スマートフォンのゲーム「ポケモンGO」の流行で、イランは国内でこのゲームの全面禁止の措置をとる方針を決めたと報道された。理由は「歩きスマホ」の危険性ではなく、ポケモンの世界観がイスラムの教義に反するからだという。サウジアラビアのイスラム法学者協会は、多数のモンスターが登場する「ポケモンGO」は、「イスラムが否定する多神教的な思想やギャンブル性が含まれている」との宗教裁定を下し、エルサレムのイスラム法学の権威者は、ポケモンに登場する超自然的なキャラクターには、「日本の神道思想が反映されている」としてイスラム教の禁止事項に当たると述べたという。

このニュースを耳にして、日本人はどのように感じるだろうか。たかがスマホのゲームぐらいで「イスラム教の教義」と世界観に反するとは、大袈裟だというか滑稽とも思うかも知れない。そもそも「ポケモンGO」なるオモチャが「神道思想を反映している」と考えることもないのではないか。

しかし、これは宗教に対する知性と感受性を失って久しい戦後ニッポン人の短絡的反応であろう。もちろんそれは日本人だけでなく、ポケモンで事故を起こしているアメリカ人などにも当てはまる。大人までもが、いや大人たちが率先して「ポケモンGO」に浮かれているグローバル世界と、それを真面目に「怪しき輩」と受け止め禁止するイスラーム世界と、一体どちらが社会としてまともなのかと問うてみる必要はあるだろう。

倫理的なイスラーム法

イスラームの律法主義を前近代的な、頑迷固陋な宗教の残滓と見るような態度からは、ことの真実は見えてこない。イスラム世界が現代においても（例外はあるにせよ）「イスラーム法」を人間と世界の規範にしていることは、今日の世界情勢を見るとき決して看過することはできない。

イスラーム法の根源にあるものは何か。井筒俊彦は次のように指摘している。

〈(イスラーム法の）アラビア語のもとの意味、つまり法学の術語になる以前の「シャルウ」、あるいは「シャリーア」という言葉の意味は「水場への道」、つまり砂漠のなかで水飲み場に通じている主要道路のことです。申すまでもなく、砂漠では水は生命の源です。（略）そういう貴重な場所に直通している道、要するに天下の大道です。それが比喩的に使われまして、シャリーアは神が人間のために開いた道、永遠の生命の源に通ずる道、人生の砂漠のなかでそこを歩んでいきさえすれば決して誤りに迷いこむことのない道、を意味します。そういうものとしてイスラーム法は構想されているのです。要するに、人間が人間として歩むべき正しい道でありまして、この名づけ方からもイスラーム法の本源的な倫理性がうかがわれます。すなわちイスラーム法は第一義的には人間の、というよりも共同体のモラル、つまり人間をその社会性において道徳的に規制する社会生活の規範体系なのです。イスラーム法においては純然たる「法典」は一度も編まれたことがありませんでした。イスラーム法はどこまでもその濃密な倫理的性格を失うことがなかったのであります〉（『井筒俊彦著作集2　イスラーム文化』中央公論社）

イスラーム法のこのような「倫理的性格」は、われわれからすれば特殊なものに感じられるが、それは単なる宗教法ではなく、信者の日常性生活に不可欠なものなのである。法を犯し無視することは社会的な秩序を乱すということではなく、宗教的な背信行為となる。このようなイスラームの在り方を、西洋近代的な世俗主義から宗教原理主義だと批判しても無意味であり、理性によって信仰を囲い込む西洋の国々の方が進歩的であり、現実的で正しいと一方的にいうことはできない。

二〇一五年十一月のパリの同時テロ事件が、同年一月のシャルリー・エブド襲撃とは別な意味を帯びていたのは、テロの標的がスポーツ観戦やコンサート、歓楽の場であったことだ。それはただ人々が多く集まっている場所をターゲットにして、テロの恐怖を増大させるということだけでなく、そこに個人主義の「自由」と「欲望」の充足をなす場としての象徴性があるからである。もちろん、テロの実行犯はフランス社会で育ち、「フランスは不可分の、非宗教的、民主的かつ社会的な共和国である」とする憲法下の教育を受けながら、経済格差や社会的差別を意識させられ、そこにイスラム過激派の思想がつけ入ったともいえる。しかし、そのことはフランス（西欧）において、一神教でありアブラハム宗教を源流とするキリスト教が、すでにいかなる意味でも宗教的な「信」を失い、世俗的な欲望、すなわち経済至上主義（グローバリズム）のなかに埋没してしまっていることをあきらかにしている。

イギリスのEUからの離脱が衝撃的なニュースとして伝えられたが、ヨーロッパの経済危機や移民・難民問題とともに、そもそもユーロ・グローバリズムは根本的な矛盾を孕んでいる。EUの構想そのものは、カントの『永遠平和のために』（一七九五年）や、さらにはエラスムスの『平和の訴え』（一五一七年）などのキリスト教的平和論がそのルーツとしてあるといわれる。カントはその著書で、国家間の永遠的な平和の実現のために、常備軍の段階的な廃止や、人間の理性と法に適合した共和制国家による連合体などの具体的な提案を示しているが、その理念は、神がこの世界を合目的に創造し、保持し、完成に導くというキリスト教的な「摂理」である。それは近代ヒューマニズムのなかで形成されたキリスト教的平和論である。

二十世紀においてふたつの大戦の災厄を体験したヨーロッパが、このような理念で経済的統合を果たしたことはよくわかる。しかし、ユーロという共通貨幣による経済のブロック化は、アメリカのドル支配にたいしての欧州経済圏の確立、つまり金融グローバリズムの時代への対応・同化に他ならず、そこにおいてキリスト教は文字通り、たんなる「理念」でしかなくなっている。

失われた「信」

そもそもカントの平和論は、ユダヤ・イスラーム・キリスト教の根底にあるアブラハム宗教としてのセム的一神教の要素が、西洋近代の啓蒙主義・人間理性に重きを置くヒューマニズムによって消し去られているところで構想された。そこで決定的に欠落したのが、キリスト教の本質たる終末論の信仰である。イエス・キリストの再臨である。キリストの再臨とは、精神的あるいは霊的なものではなく、イエス・キリストが肉体としてこの地上に再来することである。

使徒パウロは、コリント書Ⅰの十五章で、再臨＝終末について語る。

〈兄弟たち、私はこう言いたいのです。肉と血は神の国を受け継ぐことはできず、朽ちるものが朽ちないものを受け継ぐことはできません。わたしはあなたがたに神秘を告げます。私たちは皆、眠りにつくわけではありません。私たちは皆、今と異なる状態に変えられます。最後のラッパが鳴るとともに、たちまち一瞬のうちにです。ラッパが鳴ると死者は復活して朽ちない者とされ、わたしたちは変えられます〉（新共同訳）

この再臨信仰こそ聖書の秘義であり、キリスト教信仰の根幹たるものである。しかし近代のキリスト教や教会は終末論を積極的に語るのを避けてきた。近代的な理性主義からすれば、キリストの再臨など、それこそ非理性的、非合理なこととして受けとられかねないものである。

ＥＵの問題に話を戻せば、ヨーロッパ統合は、カント的なキリスト教的平和主義を理念とすることで、キリスト教の本質たるアブラハム宗教としての「信」の力を完全に失ったのである。ＥＵとは、その意味ではグローバルな経済原理主義のなかでの「神の死」の表象であり、当然それはイスラームの「信」とは相容れない、対立の構図を（十字軍時代のキリスト教とイスラームの「戦争」とはまた別の、そして新たな）ここに生み出しているのである。

（２０１６年春）

8　ニーチェとトランプ現象

英国のEU離脱、そして次期アメリカ大統領にトランプが決定し、世界はアンチ・グローバリズムの潮流に向かいはじめた。一九八〇年代のIT革命や自由貿易の拡大によって、また金融資本主義が世界を席巻し、東西冷戦の終焉が世界のグローバル化に拍車をかけた。このグローバリズムは、ソビエト（社会主義独裁体制）に勝利したアメリカの覇権と軌を一にしていたのはいうまでもない。パクス・アメリカーナ（アメリカによる世界支配）は、しかしほんの一刻の幻想にすぎなかったのは今日あきらかであり、今回の大統領選挙の結果は、グローバリズム（アメリカニズム）を推進することへの米国民の（とりわけ白人の中間層）決定的な反発と拒否のあらわれである。

ただこれは経済や貿易の問題にとどまらない。暴言（と受け取れる）を吐くことで、米国の既成支配層を批判し、アンチ・エスタブリッシュメントによってポピュリズムを熱狂させるトランプ氏の政治行動の裏には、既存の価値を信じられなくなった人々のニヒリズム現象があるからだ。

「偉大なアメリカの復活」というトランプ氏のスローガンのなかには、宗教的な信仰への回帰は微塵もない。むしろ、イスラム過激派や「イスラム国」（ＩＳ）と同じように、価値の否定や破壊への衝撃が必然的に内包されている。

グローバルな金融資本主義がもたらしたマモニズム（拝金主義）は、アメリカだけでなく、今日の「世界」と「人間」を底しれぬニヒリズムの淵へと立ち至らしめているのである。

一九世紀の末に哲学者のニーチェは、来たるべき二世紀、二百年の人類を覆いつくすものをニヒリズムの亡霊であると予言したが、われわれは今、その真の正体に直面しつつあるのではないだろうか。

資本主義と「神の死」

二十世紀最大の哲学者であるハイデッガーは、その著『ニーチェ』のなかで次のようにいっている。

〈ニーチェにとってニヒリズムとは、決して彼の身近な現代とか、また単に一九世紀とかの事実につきるものではない。ニヒリズムはすでにキリスト教以前の諸世紀に始まっており、また二〇世紀で終わるというものではない。この歴史的進行は、なんらかの対抗運動が開始されても、むしろそのときにこそ、次の幾世紀かを充たすであろう。しかしまたニーチェにとってニヒリズムとは、決して単なる崩壊、価値の喪失、破壊ではなく、歴史的運動の或る根本的な様態なのであって、それは相当長期間にわたって或る種の創造的高揚が起こることを排除するものではなく、むしろそれを必要とし助勢するものなのである。であるから「頽廃」「生理的退化」などというものは、ニヒリズムの原因ではなく、すでにそれの帰結である。したがって、これらの状態を追放しても、それでニヒリズムが克服されるわけではない。ニヒリズムに対する抵抗運動がこれらの善悪やその追放のみに着目しているかぎり、せいぜいニヒリズムの克服が延期されるだけである。ニーチェがニヒリズムという名前で指している事柄を把握するためには、非常に深い知と、それにもまして深い真剣さが必要なのである〉（細谷貞雄監訳）

これは講義の形でハイデッガーが、一九三六年から四〇年までおこなった内容の一部であるが、ここでいうニヒリズムの「対抗運動」とは、時代的にはナチズムやスターリニズムという全体主義である。また第一次大戦と一九二九年の世界恐慌以降の、ブロック経済とその延長としての世界戦争の歴史状況を指しているといってもよい。ナチズムが古代ギリシアとゲルマン民族の優越性を結びつけて「二十世紀の神話」を喧伝して、国家社会主義体制をつくり、スターリニズムがメシアニズムを孕んだ社会主義革命のユートピアと唯物弁証法を合流させた全体主義国家を目ざしたのは、西洋近代の価値の崩落によるニヒリズムへの「対抗」であり、その「克服」としての高揚であったといえよう。

また、第二次大戦に参加し、全体主義にたいして「自由」と「民主主義」を価値とすることで二十世紀の帝国となったアメリカは、資本主義と自由・民主主義を結びつけることで、ニヒリズムの「対抗運動」をなした。

ナチズムが祖国の破壊のみならず、ホロコーストをふくむヨーロッパ全体の崩落をもたらし、ソビエト社会主義が収容所列島と恐怖の全体主義の歴史となったのはいうまでもない。そしてそれに勝利したはずのアメリカは、冷戦以後に、「自由」と「民主」という価値を世界に標榜したが、その価値によって開放的で豊かな国際社会を実現すべきだという「アメリカが誇ってきたブランド力」（フランシス・フクヤマ）こそが、カジノ・キャピタリズムを生み世界金融危機の要因となったのである。今日のグローバル資本主義の惨状は、この意味では「神の死」がもたらした「根本的な様態」のひとつなのである。

国家の再興？

二十一世紀に入ってあきらかになったのは、ナチズムやスターリニズムなどの「全体」主義も、アメリカに代表される「自由」・「民主」主義も、ニヒリズムにたいする一種の「対抗運動」にほかならなかったという現実である。

カジノ・キャピタリズムはアメリカ帝国のもとで、マモニズムと化した資本主義を操り、自らもまたそれに翻弄される「最後の人々」（M・ウェーバーの言葉）を生み出した。

〈精神のない専門人、心情のない享楽人。これら無のもの《ニヒツ》は、人間性のかつて達したことのない段階にまですべて登りつめた、と自惚れるだろう〉（『プロテスタンティズムの倫理と資本主義の精神』大塚久雄訳）

これはヒラリー・クリントン氏を支持したウォール街の一部の強欲な資本家だけでなく、トランプ氏に票を投じた大衆層でもあり、キルケゴールは、ニーチェやウェーバーやオルテガに先がけて、近代社会の「大衆は一切であって無である」といい、それは「あらゆる勢力のうちで最も危険な、そして最も無意味なものである」と指摘してみせたのである。キルケゴールは

『現代の批判』で「水平化」という言葉を用いるが、これは超越的な価値、すなわち「神」への信仰を失った社会であり、そこでは大衆が「神」となってしまう。それを「奇怪な無」のようなものだと批判したのである。

トランプ氏のアメリカ大統領就任によって、アンチ・グローバリズムとともに、国民のものとしての国家の再興の波がやって来るだろう。もちろん国民国家の再構築は（グローバル企業のタックス・ヘイブンなどの税逃れも規制して）、異常に膨大化したカジノ・キャピタリズムを是正していくためにも求められるべきことである。巨大な国内の経済格差の解消にもそれは必要な選択であると思われる。

しかし、このネイションへの回帰もまたニーチェの不気味な予言の前では、これもニヒリズムに対する「対抗運動」ではないかという疑いをもたらす。二十世紀前半の、第一次大戦後のブロック経済が次の「大戦」をもたらしたという轍をふたたび通るとは思えないが、世界状況はそれよりもさらに混沌とした現実に突入していくのではないか、という予感が動く。

〈私の物語るのは、次の二世紀の歴史である。私は、来るべきものを、もはや別様には来たりえないものを、すなわちニヒリズムの到来を書き記す〉（ニーチェ『権力への意志』原佑訳）

われわれはこの「歴史」のまさに渦中にいる。

（２０１６年秋）

9　紀元節とは何か

二月十一日は「建国記念の日」である。

いうまでもなく、戦前は「紀元節」である。「神武天皇即位の日」として明治六年に設定されたが、占領下にGHQによって廃止を余儀なくされた。昭和二十七年のサンフランシスコ平和条約の施行とともに紀元節の復活の気運も高まったが、反対する勢力もあり、ようやく昭和四十一年に「建国記念の日」として一応の成立をみた。翌年の二月十一日には、しかし反対運動もあり、さらに今日に至るまで国家の行事として政府主催の式典は開催されていない。

旧社会党は、憲法が施行された五月三日を記念日にせよと主張し、創価学会の池田大作氏は平和（講和）条約が発効した四月二十八日を、旧民社党は聖徳太子が十七条の憲法を制定したとされる四月三日を提案した。現在の「建国記念の日」も、「建国をしのび、国を愛する心を養う」日とのことであり、神武天皇が史実として即位したということが記されているわけではない。

「建国記念の日」奉祝行事の政府主催を求める神社本庁などの団体の運動があることから、日本国憲法の「政教分離」にもとづいて違憲を持ち出す勢力は今日ももちろんあり、政府・自民党が式典を行わないのは、これがいたずらに「政治」問題化するのを回避したいがためである。ここにも戦後日本の「政治」と「宗教」の奇妙なねじれがあり、そのことからくる日本人の宗教感覚の鈍磨がある。

歴史実証主義と政治

宗教の問題は、もうひとつ必然的に「神話」の在り方とその受け容れ方に深く関わってくる。紀元節復活への左翼などの反対の根っこには、戦後の歴史学がある。つまり、歴史を実証的に検証しようという史実主義ともいうべき傾向である。

本年の「建国記念の日」を前にして、『朝日新聞』（二〇一七年一月二十五日朝刊）は歴史家・色川大吉氏の次のようなコメントを載せている。

〈いま、日本の歴史や伝統をひたすら自賛する本やテレビ番組がはやっているようですね。退行もいいところです。神話や伝統から解放されたのが戦後の歴史学。復古的な提案や論

調に対しては、歴史家は厳しく批判しなければなりません〉

これは典型的ともいえる戦後日本の〝歴史家〟の言辞である。歴史実証主義を全てとして、歴史の中で形成され伝承されてきたものの価値を頭から否定するのが正しい、という態度である。これは同時に宗教を否定し葬り去ることが文明化であるとする、近代主義的イデオロギーと同次元にあるといってよい。

西洋のキリスト教神学史をみるとき、十八世紀、十九世紀の啓蒙主義哲学の影響によって、聖書を史実的に〝読む〟作業が主流となっていった。史実的なものを中軸にし、それ以外のものを「神話」として取りのぞこうとするこの神学的自由主義にたいして、二十世紀の神学者カール・バルトは、そのような見方を「最高に幻想的な、近代的西洋精神の小市民的な習慣でしかない」と痛烈な批判を加えた。

それは創世記などの聖書の記述が「史実」をふくんでいるという神学的正統主義を主張することではない。そのような正統主義は、非史実的なものは価値がなく、歴史の正しい見方からの退行であると主張する近代主義イデオロギーと同じく、弱い精神の所産にすぎない。旧約聖書が物語る創造の歴史は、前・歴史であるとともに、原・歴史であり、無時間的なものではなく、むしろ時間の源泉の場所なのである。

カール・バルトのこのような聖書の創造神話に対する読みは、われわれ日本人の神話の見方にも十分に通用できるだろう。いや、日本人は古来、「神話」にたいしてそのような読み方をしてきたのではないか。明治維新以降の世俗の近代化のなかで、『古事記』や『日本書紀』が歴史家の論争のなかでくりかえし俎上にあげられたことを思えばいい。戦後はたしかに近代主義的（さらにはマルクス主義史観によって）な歴史解釈が広がっていき、神話や物語は人類学や民俗学の領域へと、あるいは考古学の研究対象としてせばめられていったが、たとえば戦後を代表する思想家ともいわれた丸山眞男は、「歴史意識の『古層』」という論文で、この国の民族的源流を「神代」の時代にあるという『古事記伝』の本居宣長の言葉を引用するところから始めている。もちろん戦後左翼の代表者たる丸山眞男は、そこから天皇（制）を歴史主義的に批判しようとしているのだが、その批判的方法そのものが、逆に「記紀神話」のオリジナリティとその貴重さを浮かびあがらせているのだ。

〈(日本の）神話は、皇祖神及び大和朝廷の有力氏族神の誕生と活躍への前奏曲をなし、そこでの神話自体が、文字通りの呼称として（『書紀』）、あるいは巻別として（『記』）、「神代」を構成しつつ、そのまま第一代神武以下、歴代天皇を中心とする、いわゆる人代史に流れ込むように叙述されている。宇宙発生神話をふくむ民族神話が右のような形で、一貫

した「歴史的」構成のなかに組みこまれているのは、国際的に見てきわめて特異である〉

この「特異」さは、そのままこの国の歴代天皇の歴史となって、今日に至っていることを考えれば、「皇紀二千六百七十七年」という時間の意味は、改めて（グローバル時代などといわれる）現代においてこそ確認されるべきであろう。

今また議論を

戦後においても色川氏のような〝歴史家〟ばかりがいたわけではない。神武天皇実在論をめぐる歴史論争は、人代的実証主義の狭い枠に収まるはずもなかった。

作家の林房雄はその著『神武天皇実在論』で、戦後の神武実在論について次のようにふれている。

〈戦後の桃色がかった否定旋風の中で沈黙していた正統派の歴史家たちが、昭和三十六年の紀元節論争を機として、それぞれ自発的に発言しはじめたのは一種の壮観であった。中山久四郎教授編『神武天皇と日本の歴史』に論文を発表した学者の数だけでも十名におよび、その中には津田左右吉博士の「建国記念日を設けたい」との異色の一文も加えられている。また、里見岸雄博士の『万世一系の天皇』の発刊は昭和三十六年十一月であり、橘孝三郎の大著『神武天皇論』は四十年九月に出た。日本列島に吹く学風の色も、敗戦後二十年を待たずして、本来の清明の色を回復しはじめたのである〉

林房雄のこの本が刊行されたのは昭和四十六年のことであった。三島由紀夫の自決から一年後である。林氏もふくめてこの時期、論壇においては紀元節をめぐるこのような議論が活潑におこなわれていた。

神話と歴史、そして宗教という民族・国家にとっての根本的な問題を議論する風潮が、左右を問わず跡絶えて久しい。政治家もまたこのような国の大事を、その行動と言説の背景とすることを忘れている。「建国記念の日」はたんなる〝祝日〟であるのか。今一度われわれは議論の原点に立ち戻るべきであろう。

（2017年新年）

10　遠藤周作『沈黙』の今日性

『沈黙』の問うもの

マーティン・スコセッシ監督の映画『沈黙――サイレンス』を、昨年の暮れに試写で観た。二時間四十五分、その画面に文字通り釘付けにされた。映画そのものへの感想はすでに雑誌『映画芸術』（二〇一七年冬号）に書いたのでここでは再言しないが、遠藤周作の原作『沈黙』を忠実に映像美として展開してみせたこの映画は、まことに見事なものであった。

スコセッシ監督が『沈黙』の映画化を決意したのは二十八年前のことであるという。スコセッシといえば、『タクシードライバー』（一九七六年）を想起する人も多いだろう。またそのイメージが強くて、今回の『沈黙』はずいぶんと宗教臭い映画だなあ、と感じた人もいたかも知れない。

イタリアの詩人・作家で映画監督のピエル・パオロ・パゾリーニというと『ソドムの市』と

いう最後の衝撃的な映画を思い出しがちだが、彼の生涯を改めてたどってみれば、聖書を題材にした『奇跡の丘』こそが真に衝撃的なのである。同じようにスコセッシの『沈黙』は衝撃的であり、またアクチュアリティを有しているように思われる。

『映画芸術』の評では、この映画の衝撃を「美」にあると書いた。それはたんに映像の美しさ（隠れキリシタンたちの陰惨な拷問の場面すら、いやその場面こそある種の気高い美しさに充ちている）だけでなく、信仰というものの根底にあるものに、映像が肉迫しているからである。

そもそも原作『沈黙』自体が、長いあいだ誤解されてきた。この小説が刊行されたのは一九六六年であり、すでに半世紀余りの歳月を経ているが、そのタイトルから「神の沈黙について書かれた小説」と読まれた。また宣教師のロドリゴが踏み絵に足を掛けようとしたとき「踏むがいい。お前の足の痛さをこの私が一番よく知っている」とのイエスの声を描いたことへの批判も当時からあった。たとえば三島由紀夫は、『沈黙』を遠藤の「最高傑作」としつつも、「主題の転換」に疑問を呈した。つまり「神の沈黙を沈黙のまま描いて突っ放つのが文学ではないのか」と批判したのである。また作品発表当時、カトリック教会は、司祭の「転び」を描いたものとして禁書扱いをした。

カトリック教会の当時の「誤読」（今日では作品の意図は理解されていると思われる）は論外としても、『沈黙』は作者の意図とはずれたところで読まれてきたのは確かなのである。『沈黙』

を精読すれば、この作品が神の沈黙、すなわち救済の不可能性を描いたものでないのはあきらかであり、「主題の転換」こそむしろ真の「主題」なのである。「転びのポウロ」として日本の地で生き続け、ローマ・カトリック教会の信仰をむしろ否定することで、イエス・キリストに出会い、そして死ぬロドリゴ（岡田三右衛門）の「信」の姿を作者は描きたかったのである。

映画『沈黙』は、原作にはないラストシーンで、仏教徒として葬られるロドリゴの、火葬のさなか棺桶に収まった白装束の遺骸の掌中に、まぎれもない信仰の証しをクローズアップする。

現代の宗教への問い

スコセッシ監督は「現代において『沈黙』を映画化する意義は何だとお考えですか？」というインタビューに答えて、次のようにいっている。

〈多くの困難がありながら、この映画を完成させたのはいくつかの理由があります。それは今この時代の、この世界において、作らねばならなかったことです。特に、人々の信仰のあり方が大きく変わり、それを疑うようになり、宗教的な組織や施設にも、おそらくは懐疑の目が向けられている、今の世界だからこそです〉

二十一世紀がどのような時代なのか。それを無気味に、予言的に象徴したのが、二〇〇一年九月十一日のアメリカの同時多発テロ事件であったのはいうまでもない。現代文明が築きあげたバベルの塔の倒壊は、新たな「宗教」戦争の時代を予感させるに十分なものであった。遠藤周作は一九九六年、七十三歳で天に召されたが、このようにも語っていた。

〈宗教をこれほど人々が希求する時代はないにもかかわらず、宗教が現代を支えられぬままになっているのが二十世紀の宗教である。だがやがて必ずそれらすべてを支えるものが生まれてくる〉（「二十世紀宗教の限界をこえて」）

晩年の遠藤は、遺作『深い河』などを通して宗教多元主義といわれる宗教観・世界観に接近していた。それはいわゆる宗教原理主義のもつ政治的排他性を乗り越えてゆく可能性である。イギリスの神学者ジョン・ヒックなどは、キリスト教の立場からこの「宗教理解のためのパラダイム変換」を提示してきたが、それよりはるか前に、遠藤周作は日本という異教の風土で文学を通してこの世界史的テーマと格闘してきたといっていい。

もちろん宗教多元主義といっても、その内実を問わなければならないし、「宗教」がつねに「組織・団体」との密接かつ不可分な関係にあることを考えれば議論は尽きないだろう。

『沈黙』に戻れば、原作でロドリゴのいう「転び」を選んだ「自分の弱さ」を認めつつ、「だがそれよりも私は聖職者たちが教会で教えている神と私の主は別のものだと知っている」という科白は、たんに当時のイエズス会の東洋布教のなかにあっての言葉にとどまらない。この一行には、遠藤自身の西洋における日本人キリスト教徒としての体験と思索の重さがこめられているからである。

昭和二十五年六月、遠藤は戦後最初の留学生として渡仏する。リヨンのカトリック大学に通い西洋キリスト教の世界とはじめて対峙することになる。この留学体験は『留学』などの小説にも描かれているが、遠藤がそこでぶつかったのは西洋と東洋、一神教と汎神論という狭間と亀裂であったとともに、西洋近代のキリスト教そのものの限界であったのかも知れない。

いずれにせよ映画『沈黙』は、遠藤周作という文学者（というよりむしろ文明批評家といいたい）の存在の重さを、再びわれわれに教えてくれた。日本人はいつもながら「外」側からつつかれなければ大切な事柄に気づかないようである。

（2017年春）

11 「政治」を動かす「宗教的なもの」

八月九日に本年（二〇一七年）亡くなった作家の林京子氏を偲ぶ会があった。林氏は長崎の女学生のとき十四歳で被爆し、爆心地に近くの勤労動員先にいたが倒壊した建物の下から奇跡的に生還し、一九七五（昭和五十）年に「祭りの場」という原爆体験に基づく小説で『群像』新人賞を、そして芥川賞を受賞し、以後被爆体験に基づく多くの作品を著した。

私がその会に出席したのは、たまたま朝日新聞の学芸欄に林氏の作品紹介を書いたからであるが、二〇〇六年に編集委員をしていたオピニオン誌『表現者』でご本人にインタビューをしたこともあったからである。

『表現者』は評論家の西部邁氏を顧問とする保守思想を基軸とした隔月誌であり、「思想としての核」という特集記事のためである。「思想としての」とあえてつけたのは、核兵器（核武装）の問題や原発もふくむ「核」を、現代世界（文明）のなかでいかに捉えるか、という課題を前面に出したからであり、核兵器の廃絶や原発反対という主張を展開するためでは、もとよりなかった。『中国の核が世界を征す』（ＰＨＰ研究所）を著し日本の核武装論も視野に入れた、冷戦後のバランス・オブ・パワーの国家戦略を説き注目を集めていたワシントン在住の伊藤貫氏にも執筆してもらっていたのだから、人類にとってのプロメテウスの火たる「核」を根源的に考えてみたい意図であり、ぜひとも林氏に登場していただきたかったのである。

吉本隆明氏と原子力

前置きが長くなったが、八月九日の長崎原爆の日に、その林氏の「偲ぶ会」に行き、主催者が「脱原発を訴える文学者の会」であることをはじめて知った。いうまでもなく二〇一一年の三・一一の時の福島第一原発の危機的な事故の後に澎湃と起こった、「反原発」「脱原発」の主張をかかげる人々の中での文学者の集りのことである。この会の活動について私は詳しくは知らないし、何人かの知った作家や評論家が参画しているのは分かっていたが、実態について云々するつもりはない。また福島原発のクリティカルな状況は理解はできるが、私自身はただちに「脱原発」を強く主張してはいないし、そのつもりも今はない。林京子氏は当然のことながら、フクシマに衝撃を受け放射能が人類とは相容れぬ業火であることを語られたという。核の破壊は終わってはいないことを悲痛な思いで受苦されたのだろう。

それはいい。眼前にある困難な現実である、といってもよい。私がここでいいたいのは、戦後の日本における「反核・反原発」運動が本質的に孕んでいる政治性と宗教性の問題なのだ。福島第一原発の事故以降、世論は脱原発ムード一色に染め上げられた。そんな折、二〇一二年に、戦後を代表する思想家であった吉本隆明氏が八十七歳で亡くなった。多くの人は忘れている(あるいは忘れたいのか)、吉本氏が文字通り最後に表明したのは実は「反核・反原発」への反対、アンチの主張であった。それは反原発運動を推進し、そのムードを形成する中軸となったいわゆる全共闘(団塊)世代の吉本ファンを困惑させるに十分であった。一九六〇年代後半の新左翼運動に多く関わった彼らにとって、「吉本隆明」の名は尊敬にしろ反発にしろ一種熱烈な対象だった。吉本氏の反「反核=反原発」発言は、反原発ムードに浮かれる吉本ファンのみならず、世論の〝空気〟にも抗する、実は重大な発言だった。もちろんそれは年来の主張であり(一九八〇年代の文学者の「反核」運動への熾烈な批判もあった)、三・一一以降の状況にだけ根ざしてはいない。また、その反「反核=反原発」論は現代の科学技術の進歩の流れは止めることはできないし、また止めるべきでもないという主張(思想)に拠るだけではない。

では、何なのか。その年来の主張のなかには、戦後左翼運動の潮流への彼の一貫した批判的スタンスもあるが、もうひとつ重要なのは、『マチウ書試論』(昭和二十九年)以来、吉本氏の思想的根幹にある(『最後の親鸞』〈昭和五十一年〉に集約される)「宗教批判」のモチーフがあるからだ。『最後の親鸞』で吉本氏はこういっている。

〈〈わたし〉たちが宗教を信じないのは、宗教的なもののなかに、相対的な存在にすぎないじぶんに眼をつぶったまま絶対へ跳び超してゆく自己偽瞞をみてしまうからである。〈わたし〉は〈わたし〉が偽瞞に躓くにちがいない瞬間の〈痛み〉に身をゆだねることを拒否する。すると〈わたし〉には、あらゆる宗教的なものを拒否することしかのこされていない〉

むろん、「宗教的なもの」という言い方が意図的に用いられていることに留意しなければならないが、それは「思想」とも当てはまる。戦後において「思想」とは体系化された構築物となることもなければ、数少ない例外をのぞいてそれを語る者にとって身体化することもなかった。つまり、戦後「思想」とは、そのほとんどが「相対的な存在にすぎないじぶんに眼をつぶったまま絶対に跳び超してゆく自己偽瞞」をくりかえしてきたのではないのか。

宗教的なものの跳梁

吉本氏自身は敗戦を二十歳でむかえたが、それは「皇国」少年であった自己と徹底的にぶつかり、「相対的な存在にすぎないじぶん」と対決すること以外にはなかった。したがって、吉本氏は詩人思想家として戦後の言論界に登場したとき、左右の政治イデオロギーや党派性への批判ではなく、敗戦という現実にぶつかりながら自己への憎悪と矛盾を捨象し、さまざまなる戦後的な意匠（思想）に「跳び超してゆく」数多の知識人や文学者たちにたいしてこそ鋭い批判の刃を向けたのである。それこそが「宗教的なもの」の正体であった。

戦後のほとんどの知識人や文学者、インテリにおいて、真の意味でしたがって「宗教」「信仰」が課題となることはなかった。左翼であれ右翼であれ、「政治」は一度として本質的に「宗教」と対立もしなければ、対話もすることがなかった。あったのは、「政治」はつねに「宗教的なもの」と化してセンチメンタルに流行し、ムードとしての世論を形成することだけであった。

戦後史をみれば、マルクス主義という疑似「宗教」――「宗教的なるもの」が論壇で猛威をふるい、マスコミ・ジャーナリズムは「反戦」「平和」「民主」「自由」などの戦後的価値観（それをあたかも普遍的なものとして）をひたすら礼賛しておけば事足りたのである。マルクス主義勢力の崩壊後も、リベラリズムという怪しいソフト・スターリニズム（吉本氏の言う）がさまざまな政治的運動の潮流をつくってきたのはあきらかであろう。

三・一一以降の「反原発」運動にも、この「宗教的なもの」が深く関与しているように私には思われる。吉本隆明氏の最後の反「反核＝反原発」のメッセージは、原発の可否や、脱原発運動の（左翼的）政治性にたいしてだけではなく、「思想」が一瞬にして「宗教的なもの」と化し、それが「時代の空気」と化すことへの根本的な批判（批評）であったのではないか。

国連でも核兵器禁止条約が成立し、チェルノブイリや福島原発の惨状は、人類の未来へ大きな危機を呈している以上、われわれは、「核」といかに向き合うかが喫緊の課題となっている。しかし、現在でもなおこの国では「課題」の真相に対峙するよりも、政治の現実が「宗教的なもの」によって動かされている。それは戦後の日本人が、一度も「宗教」を問う本質的な視座を持ちえてこなかったからであろう。

（２０１７年夏）

本主義ではなく、道義を重んじ、真の豊かさを知る、瑞穂の国には瑞穂の国にふさわしい市場主義の形があります〉(『新しい国へ』文春新書、二〇一三年刊)

民主党政権時代の「外交」の敗北は、たしかに安倍首相の再登場によって乗り越えられたかに見えるが、しかし「瑞穂の国にふさわしい市場主義の形」など、その影さえもない。むしろアベノミクスによって増々「強欲型」の資本主義が横行している。

十一月十七日の所信表明演説では、「生産性革命」「人づくり革命」という「革命」という単語を連呼していた。「生産性革命」では、人工知能やロボットなどによって「生産性を劇的に押し上げるイノベーションを実現」するというが、これは人間ではなく、あきらかに経済の効率と合理化に目が向いており、人を基盤にした「市場主義」と逆向するのはいうまでもない。幼児教育などの「無償化」を「人づくり革命」と呼ぶのも首をかしげざるをえない。「人づくり」というのならば教育費のことよりも、この国の文明を見据えた文化行政の長期的なビジョンをまず前提としなければならないだろう。立憲民主党の枝野代表が「自民党はいつのまにか革命政党になった」と皮肉ったが、むろん旧民主党も何をやったかといえば、盲目的な「改革」路線ありきであった。

島崎藤村の問い

歴史は繰り返すというべきか。ただし二回目は茶番劇としてといわれるが、二回どころの騒ぎではない。この国は、明治の近代化（欧化）以来、長い歴史によって形成されてきた伝統文化の破壊にいそしんできたのである。

ここであえてひとつの文学作品を取りあげてみたい。それは昭和十年に完結した島崎藤村の『夜明け前』である。この大作は、藤村自身の父親（作中では青山半蔵こと島崎正樹）をモデルにし、幕末維新の時代を背景にした歴史小説である。「木曽路はすべて山の中である」という山深い中山道の描写からはじまるこの作品は、本居宣長や平田篤胤らの国学者（外来思想を「漢意」として斥け、日本人の魂の原点をさぐった）の影響のもとに、御一新（明治維新）を期待し、日本の歴史の「古きもの」の再発見による新しい時代の到来を夢見た主人公・青山半蔵の物語である。半蔵は、木曽・馬籠の庄屋、旧家青山家の十七代目に当たるが、平田篤胤の没後の門人として「復古による維新」を今かと待ちうけていた。

〈彼（半蔵）は乱れ放題乱れた社会にまた統一の曙光の見えて来たのも、一つは日本の国柄であることを想像し、この古めかしく疲れ果てた街道にも生気のそそぎ入れられる日の

来ることを想像した。彼はその想像を古代の方へも馳せ、遠く神武の帝の東征にまで持って行った〉

〈明日――最も古くて、しかも新しい太陽は、その明日にどんな新しい古を用意して、この国のものを待っていてくれるだろうとは、到底彼などが想像も及ばないことであった〉

徳川幕府による二百数十年にも及ぶ鎖国体制、そこからもう一度天皇を中心とする世へと改められる。この王政復古への希望が、日本を新しい国へと再生させるであろう。これが『夜明け前』前半の「日本人の魂」の復活を求める半蔵の物語であるが、後編は一変して、倒幕によってなった明治新政府が西洋の文物ばかりを容れ、その欧化の波がこの国の歴史の背景を破壊していくことに深く絶望し、憤る半蔵を描き出す。維新は、「新しい古」の実現どころか、日本人の魂を奪うものであり、下層のものの苦しみを取り残して「文明開化」の「革命」だけが横行する。

この維新後の社会の混乱のなか、半蔵は止むにやまれぬ憤りを、明治天皇に直接訴えようとして御馬車に扇を投じんとして捕らえられ、「狂人」として座敷牢に入れられ悶死する。その後半生の悲劇が描かれている。島崎藤村が、この作品を昭和前期に著したのは、明治維新より七十年、西洋列強と肩を並べんとしていた近代国家日本にとって、「近代」化とはなんであったのか、当時のグローバリズムの波のなかで明治維新以降の日本と日本人は、これでよかったのかという、この国の歴史の意味を問いたださずにはいられなかったからである。

〈過ぐる年の献扇事件の日、大衆は実に圧倒するような勢いで彼の方へ押し寄せて来た。彼はあの東京神田見附跡の外での多数の混雑を今だに忘れることができない。「訴人だ、訴人だ」と言って互いに呼びかわした人たちの声はまだ彼の耳にある。何か不敬漢でもあらわれたかのように、争って彼の方へ押し寄せて来た人たちの目つきはまだ彼の記憶に新しい。けれどもそういう大衆も彼の敵ではなかった。暗い中世の墓場から飛び出して大衆の中に隠れている幽霊こそ彼の敵だ。明治維新の大きな破壊の中からあらわれて来た仮装者の多くは、彼にとって百鬼夜行の行列を見るごときものであった。皆、化け物だ、と彼は考えた〉

この「化け物」は、近代日本の文明開化のイデオロギー、西洋化の正体たる社会進化論であるとともに、そのような「外来」の思想を受け容れる日本的な宗教相対主義、シンクレティズム（混淆主義）の精神風土そのものから生まれ来る「化け物」であるといってもよい。平成の三十年余り、われわれもまた、「グローバリズム」「構造改革」という「百鬼夜行の行列」を見つづけてきたのである。それは今日も続いている。

（2017年秋）

13 保守思想と信仰問題……西部邁先生の死を悼む

一月二十一日の午後に評論家の西部邁氏の自裁の報に接した。三十一歳のときに雑誌『正論』の対談の相手として声をかけていただき、爾来三十年余り、西部氏が主宰するオピニオン誌『発声者』『表現者』の執筆者として、また編集委員として身近にあり親しくさせていただいた。筆者にとって西部邁は「先生」と呼ぶ唯一の存在であった。ここでも西部邁先生と記すことをお許しいただきたい。

西部先生は五十五歳の折に『死生論』という本で、すでに自らの「死に方」を明確に語り、人間の「生き方」はその「死に方」と結びついていることを常々自らの口からも言われてきた。今回の西部先生の自死は長年のその思索の果てに訪れた「自然死」の印象が私には強い。先生自身も日頃から、安楽死や尊厳死という言葉の矛盾や大仰さをいわれてきた。したがって今回の「死」が（自身の思想家としての覚悟と一貫性を体現するという意味の他には）社会的あるいは思想的に、何らかの「意味」を突きつけていると指摘することには躊躇を感じる。それ程に、西部先生の「死」の決断と選択は、深く考えられたが故の静かな至極自然なもののように（身近にいた者の一人として）感じられるであり、またそう思いたいのである。

しかし、一方ではその「死」は、われわれに様々な貴重なメッセージを発してもいる。厖大な著作を遺した、戦後日本を代表する知識人・思想家の決断であったのであれば、それもまた当然の理であろう。ひとつには、戦後七十余年ものあいだ、日本人は「生命あっての物種」といった生き方を意識的にも無意識的にもよしとしてきたことへの根底的な批判である。それは大東亜戦争の敗北・占領とそれに続く経済復興としての〝戦後〟の社会が、生命至上主義を礼賛し、「平和」や「自由」や「民主」というイデオロギーと結びついて「死」をひたすらネガティブなものとして忌避してきたからである。さらにそれは近代の技術主義の進化によって、生命への畏怖よりも生命のひたすらな延長というエゴイズムの倒錯をもたらしているという現実である。

〈技術主義が人間の精神にもたらした最大の罪科は、「死」の観念を個人の意識および社会の制度から放逐したことであろう。医療をはじめとする種々な福祉の体制が、近年では遺伝子の組み換えということまで含めて、人間から「メメント・モリ（死を想え）」の意

識と行動を遠ざけてしまった〉（『虚無の構造』中公文庫）

西部邁の保守思想とは、たんに政治社会の次元における事柄ではなく、人の生き方・死に方の、つまり人間の実在と歴史に深く関わるものとして現代世界に向けられたものであり、その思想の実践こそが最も重要な課題（責任）としてあった。西部先生の自裁はその意味で、先生が好んで用いられた言葉でいえば「インテグリティ（一貫性・総合性・誠実性）」に貫かれた実践であった。

ニヒリズムの超克

哲学者のニーチェが二十世紀を前にして語った予言――それは来るべき二世紀の世界を覆いつくすのは、現代における最も不気味な訪問者、すなわちニヒリズム（虚無主義）の到来という現実だという。一世紀余りを経て二十一世紀の世界を見渡せば、ニヒリズムはさまざまな現象として顕在化している。テクノロジズム（延命医療はその端的な現象である）、経済のグローバリズム（カジノ化した資本主義による格差社会現象）、テロリズム（宗教の名をかりた抗争や戦争）、環境破壊（自然災害だけでなく「環境」を理由に「空気」までも国家や資本のマネー取り引きにする）、その他いたる所にニヒリズムは現れている。もちろんそれは現代にのみ現われるものではなく、人間の生と存在そのものにつねにつきまとう病理であるといってもよい。

〈死の想念や観念が生活の外へと排除されていく現代にあっては、エラン・ヴィタールそのものが「死」の相貌を帯びるということだ。つまり生きながらにして腐っている、といいたくなるような生活を我らは送っており、それゆえに我らは「死」にたいしてますます鈍感でいることができるという具合になっている。そしてそのような生の腐敗は、現代において我らが専門人にしかなりえないということの当然の帰結である。専門人とは、ここでは、かならずしも職業上の分類のことではない。自分がいま携わっている事柄がその外部の世界といかなるかかわりにあるかについて無頓着を決め込む人間、それが私のいう専門人である。だから当然、専門主義的な知識人のみならず、単なるサラリーマンや単なる主婦もまた専門人であるということになる。「死」から遠退くことによって人は専門のなかに頽落し、また、専門への頽落が「死」からの距離をさらに大きくする。この相乗作用によって「生」の全体性にたいする気遣いが失われていくのである〉(同前)

生死の問題はもちろん個人の領域に属する。しかしハイデッガーのいうように「死」を見失った人間が「頽落」するのは、やはり近代文明の行きついた現代において顕著な出来事であろう。

宗教への注視

西部先生においては宗教の問題をことさら「専門的」に語ることはなかったように思うが、人間とその社会や共同体の存立のなかにおける「宗教」の価値に関してはつねに注視していた。絶対者や超越的なるものの価値の重要さは、ヒューマニズムや生命至上主義が猖獗をきわめる現在において、決定的な重要性を持っていることをかねてから指摘されていた。

『思想の英雄たち——保守の源流をたずねて』（ハルキ文庫）という本があるが、西洋の近代主義（社会）を思想的に批判してきた西洋の知識人十五人を列伝的に論じた西部先生の姿勢のなかには、ギルバート・チェスタトンやセーレン・キルケゴールなどのキリスト教神学に根ざした近代批判の存在がふくまれていて興味深い。キルケゴールについては、大衆社会状況（ヨーロッパのキリスト教社会共同体もそのなかにどっぷりとつかっている）へのその根源的な神学の側からの批判に深い理解を示している。現代人と社会の「水平化」を嘆きそこに絶望的な人間のニヒリズム状況を見ていたキルケゴールへの共鳴を、次のように記していた。

〈キルケゴールはこうした事態を「受難」とみなし、「見よ、神は待っておられるのだ。

さあ、神の御腕のなかに飛び込まれよ」と問いかけていた。私のような、いつも宗教のことを気にしながら死ぬまで不信者であるほかはない人間にとって、キルケゴールの訴えは耳には入るが心の奥には達しはしない。しかし近代がはじまって五十年後に近代の堕落をこうまで的確にえぐり出した人物がいたということは、高度大衆社会の絶頂において戦ったり喚いたりしている私にとっても大きな励ましであり慰めである。（略）だから、ふざけていうのではないのだが、私は信仰なるものの一歩手前まできているのかもしれないのである〉

この言葉は西部邁という思想家の根幹から出ているように思う。日本の保守の系譜のなかで西部思想の全体像を考えるうえでも大切だと、今あらためて筆者は感じているのである。

（２０１８年新年）

14 日本的キリスト教の可能性……1

長崎の教会群と隠れキリシタン関連の文化財が世界遺産へ登録となった。実は昨年の九月に隠れキリシタンの里をめぐるツアーに参加し、世界遺産への登録のために隠れキリシタンという言い方があらためて再定義されていることを知った。

ザビエルらによってキリスト教（カトリック）の日本布教がはじまり西国を中心に戦国大名が次々にキリシタンになっていったが、一五八七年（天正十五年）、豊臣秀吉が宣教師追放令を出し、一六一四年（慶長十九年）に徳川幕府による禁教令が全国に発布されることになり、一六四四年（正保元年）以降、一八六五年（慶応元年）の大浦天主堂におけるキリシタン発見、一八七三年（明治六年）のキリシタン禁教令の撤廃までのあいだに隠れて（仏教徒として生活して）なおもキリスト教の信仰を保ち続けた人々が「潜伏キリシタン」と正確には言われている。なぜなら、信仰の自由が認められカトリック教会に戻った人々は「復活キリシタン」となったが、その後も潜伏時代と同じように、表むきは寺や神社との関わりを持ち、カトリックの教会に復帰することなく祖先からの信仰形態を今日にまで伝承している人々を「隠れキリシタン」と呼ぶことで区分することになったからである。

キリスト教界の課題

昨年、長崎出身の作家・青来有一氏が『小指が燃える』という小説集を出したが、表題作の他に収められている短編「沈黙のなかの沈黙」は、遠藤周作の『沈黙』への批判を射程に入れながら、現代もなお信仰のかたちとして残るこの隠れキリシタンのことを題材にしたユニークな作品であった。

また長崎純心大学の教授で日本のキリスト教受容の研究をしている宮崎賢太郎氏は、その著作『カクレキリシタン』において、グローバル時代におけるキリスト教の布教について考えるとき、隠れキリシタンの新たな捉え直しを次のように指摘している。

〈これまでキリスト教が海外にむけて布教されるとき、その場合のキリスト教というのは、ヨーロッパのキリスト教を意味するという大前提が暗黙のうちに了解されていたように思う。(略)こと日本のキリスト教にはその傾向が著しかった。

しかし、欧米文化が世界最高の文化であるという幻想はすでに崩壊している。ヨーロッパのキリスト教もヨーロッパという一地方の文化の中で育まれてきたローカルなものに過ぎない。決して世界中どこでもそのままの形で受容されうるような普遍性を持つものではない。アフリカ諸国に受容されたキリスト教はアフリカキリスト教であって、アフリカにおけるヨーロッパキリスト教ではない。

そのような意味で、カクレキリシタンに対する内外の強い関心は、二十一世紀における新たなキリスト教布教のストラテジーを構築し、日本的キリスト教の可能性を模索する糸を求める動きであると思われるのである。むろん求めるべき日本的キリスト教のあるべき姿がカクレキリシタンのようなものであるというのでないことは当然である。民衆の宗教感覚にもっとマッチした、日本的キリスト教の道を考えていく上で重要なヒントを与えてくれるものとなるであろう〉

この指摘は大変に重要であり、また今日的な課題であると思われる。戦後の日本のキリスト教界は、カトリックであれプロテスタントであれ、「ヨーロッパキリスト教」あるいは占領政策と結びついたアメリカの宣教と結びつきすぎてきた。それは戦前、戦中において日本のキリスト教会が、いわゆる日本主義や皇国史観と安易な妥協をしたという批判（反省）が強くあったために、「日本的キリスト教」といった議論をほとんど無視してきたからである。戦後すぐのキリスト教ブームは、アメリカニズムの一潮流に過ぎなかったことは、以降のこの国のキリスト教の衰退によってすでに明らかなことであろう。

欧州崇拝の転換を

遠藤周作は遺作『深い河』が、イギリスの神学者ジョン・ヒックの提唱する「宗教多元主義」への共鳴のなかで書かれたことを、その創作日記などで述べていた。ヒックは『神は多くの名前をもつ』（間瀬啓允訳、岩波書店、一九八六年）で、次のように記している。

〈神はキリスト教の教会や礼拝堂のなかだけでなく、ユダヤ教の会堂、イスラム教の寺院、シク教寺院、ヒンドゥ教寺院のなかでも、異なりはしても重なる心象を介して礼拝されてきたという事実を知ることは、その神がまさしく人類全体の神であって、われわれ自身の新しい同族の神ではない、と新たな方法で知ることにほかならない〉

これはまさに現代のグローバル化した文明のなかで、近代キリスト教の立場からなされた

「宗教理解のためのパラダイム変換」であろう。いわゆる宗教原理主義の政治的排他性（テロと戦争の連鎖）を乗り越えていく可能性を示していると言ってもよい。諸宗教を相対主義的に見るのではなく、さまざまに対立し合う立場・要素を相関の姿勢のなかで、統合・統一して「神的実在の中心」を捉えようともしている。

しかし、ここから「日本的キリスト教」の新たな議論と発展は出てこない。むしろ、今日問われるべきは、また必要なのは内村鑑三がその最晩年に表明した次のような「西洋文明」と「キリスト教」の背反をあらためて神学的な、また思想的な立脚点とすることなのではないのか。内村は昭和五年に亡くなるが、昭和二年十一月に「基督教と西洋文明」という一文でこう記していた。

〈西洋文明と基督教を同体現するのは極めて皮相の見方である。一歩進んでその真相を穿てば、二者の全然相違なるを見る。その最も明白なる証拠は、西洋文明に深入りすればばする程、基督教を信ずるが困難になる。（略）徹底的に西洋文明を実行せんと欲して、真面目に基督教を信じるのは不可能である。二者いずれかを棄ざるべからず、故に大抵の場合は於いて基督教を棄て西洋文明に浸るのである〉

ここには内村の西洋批判（それは西洋文明をひたすら受容することで近代化してきた日本でもある）が明白に表われているが、それは彼の神学的直観と歴史への眼差しが、実のところ「キリスト教」の本質と背馳することを暴き出しているがゆえに、きわめて根源的なのである。

これは二十世紀のプロテスタントの最大の神学者といわれたカール・バルトが、その神学の全体において、西洋のキリスト教社会共同体自体の決定的な破壊を敢行したこととも重なってくるのである。バルトの神学的ないとなみとは、宗教改革者たちのようなヨーロッパ内部における〝改革〟であったのではなく、革命であり、ヨーロッパ的ではなく非ヨーロッパ的である。戦後の日本の職業的神学者は、バルト神学の流れをくむ人々が少なくはない。日本ほどバルトが（翻訳され）読まれている国はないだろう。しかし、にもかかわらず彼らはバルトを「ヨーロッパのキリスト教」としてあがめたててきた。それは内村が痛烈に批判した「西洋文明と基督教を同体視する」という「皮相の見方」を一歩も出ていないように思われる。時代は今、大きな転換期にある。日本のキリスト教会も信者もそれぞれの立場にあって、二十一世紀における「日本的キリスト教の可能性」を真剣に考えなければならないだろう。

（２０１８年春）

15 日本的キリスト教の可能性……2

今年（二〇一八年）の小学館ノンフィクション大賞を受賞した『消された信仰「最後のかくれキリシタン」長崎・生月島の人々』の著者・広野真嗣氏と対談する機会に恵まれたが（『宗教問題』二〇一八年夏号）、バチカンが日本の占領下において、日本のキリスト教化、カトリック信徒の日本における増大をねらった戦略を次々にくり出していた歴史的事実は改めて興味深いことであると思われる。ＧＨＱの最高司令官ダグラス・マッカーサーが熱心なクリスチャンであったことはよく知られている。ＧＨＱが敗戦後の日本人の「精神的真空」に、キリスト教布教を重大な〝占領〟政策にしていたことは、戦後の日本のカトリック、プロテスタントその他の教派においても、かなり重要な意味をもつ。

それは、敗戦・占領下の体制のなかでキリスト教ブームが起きたことにより、戦後の日本の教会の復興と拡張があったということである。これは一九六〇年代の経済の高度成長期までつづいたが、それ以降、カトリック・プロテスタントを合わせても、クリスチャンが日本の人口の一パーセントをこえないという限界に突き当たる。これは戦後復興が国体（天皇）を保持したまま、物質的な豊かさを獲得していくというプロセスをとったからといってもよいが、私にはむしろ戦後のキリスト教会が、日本人にとってのキリスト教という根本的な課題と十分に向き合うことをせずにきたからではないか、と思われる。

キリスト教と国体

広野氏は『消された信仰』の最後で、長崎・生月島の「かくれキリシタン」の人々の、世界遺産にはならない「祈りのかたち」のなかに、「教会が置き忘れてきたものであり、私たちが置き忘れてきたもの」を見出だすことができるのではないかと指摘しているが、これは換言すれば、戦後のキリスト教会（聖職者も信徒も）が日本人にとってのキリスト教信仰――それは日本人の伝統的な精神といってもよい――を真剣に問いたずねることを「忘れてきた」からであろう。

欧米のキリスト教の影響は、明治近代化以降の日本のキリスト教界に決定的なものであったのはいうまでもないが、前回もふれたように内村鑑三のようなサムライ・クリスチャンは、二つのJ（Jesus とJapan）という日本人としての信仰態度を基底とした。もちろん、内村にあってはこの二つのJは、明治二十四年（一八九一）一月九日、第一高等中学校の新年の授業開始にあたりおこなわれた「教育勅語」の奉読式で、十分な礼拝をしなかったということをきっかけに起きた〝不敬事件〟において、衝突（対立）の構図となって表われる。明治国家が大日本帝国憲法を定め、天皇という存在を「国体」として〝信仰〟させようとする体制と、内村のイエス・キリストを主とする超越神への信仰は否応なく衝突せざるをえなかった。近代日本の共同体倫理と内村の「福音」の衝突は、その後、東京帝国大学文科大学教授の井上哲次郎との論争のなかで、より明白になっていく。

井上哲次郎が雑誌『教育時論』に掲載した「教育と宗教の衝突」と題する内村批判の論文は、「不敬漢」たる内村鑑三を告発することで、日本の国家体制、近代化路線にそぐわない耶蘇教（キリスト教）を攻撃することにあった。それは仏教界からのキリスト教攻撃ともあきらかに連動するものであった。

〈内村氏が此の如き不敬事件を演ぜしは、全くその耶蘇教の信者たるに因由することまた疑なきなし、耶蘇教は唯一神教にて其徒は自宗奉ずる所の一個の神の外は、天照大神も、弥陀如来も、如何なる神も、如何なる仏も、決して崇敬せざるなり、（略）内村氏が勅語を敬礼することを拒み、傲然として偶像や文書に向ひて礼拝せずと云ひたるは、全くその

信仰するところ唯々一個の神に限るに出づるなり〉

井上の批判は、キリスト教信仰が日本の「国体」とぶつかったという印象を際立たせようとしたものであり、やがて「国体」論は大正デモクラシーの時代の後、昭和前期の戦争期に入って日本国家の西洋列強との競い合いのなかで、さらなる強化された国体イデオロギーと化していく。

それは日本人にとってのキリスト教とはなにか、という課題を一方において突きつけていくことになった。この課題に正面きって対峙しようとしたのが昭和十六年の十二月二十日、大東亜戦争直前に刊行された『日本基督教の精神的伝統』という一冊であった。著者は魚木忠一という人である。

魚木忠一の問い

いわゆる戦後の十五年戦争史観（昭和六年の満州事変以降の大東亜戦争敗戦までの日本の「戦争」を侵略戦争と見る史観）のなかでは、この時期のキリスト教（とくにプロテスタント）の神学的営みは、国体論に迎合したものとして戦後は全国的に否定されるか、無視されてきた。魚木忠一の本もそのような流れのなかでほとんど顧みられることはなかった。

しかし、今日改めて『日本基督教の精神的伝統』をひもとけば、ここには日本人にとって、日本の宗教風土、伝統と文化のなかでキリスト教をどう主体的に位置づけるかというきわめて本質的な問いが立てられているのである。

魚木は次のようにいう。

〈基督教の日本類型という意味で日本基督教と呼ぶことに特に注意を求めたい。何となれば、日本的な或るものと基督教的なものとを混淆して、日本的基督教と見なすことが往々にしてあるからである。混淆的または習合的宗教を作ることは、我が国に於ては一千年の昔からしばしば行われたことであって、必ずしも人々の怪しとしないところであるが、健全な発達とはいわれない。真の発達は、習合や混淆でない正道を行くことである。（略）故に日本的基督教と呼ぶことは、習合的新宗教の創始を意図するものでもなければ、習合的宗教を是認しようとさえすることでもない。あくまでも単純なる基督教であることを表わすのがこの名称の自然の意味であり、しかも、それが日本の地盤に於て成立することを明らかにしたものが日本的基督教である。日本を離れて基督教を考えることは無意味に近い業である。日本国民の宗教精神の触発という事実に基づかずして基督教を観ることは、単なる考古学と選ぶところはない。しかし、実際にそれは日本国民の触発であるが故に、

国家永遠の発達に貢献するところがあることは疑い容れない。この抱負と将来性とを有するものが日本基督教である〉

「日本国民」とか「国家永遠」とかいう言葉が用いられているから、戦後（とりわけ占領下のキリスト教の時流のなかでは）においては禁忌されてきたのは当然であったろうが、いわゆるシンクレティズムを排しての日本キリスト教の問題に正面きってのチャレンジをしていることは、大変興味深い。

〈基督教といえば、泰西文化と共にわが国に流入したものであって、わが国の基督教の特質もまた欧米文化によって規定されるが如くに考えるのは普通に行われている誤謬である。だが根本に於て日本基督教は、欧米の文化よりもわが国民の宗教精神によって養われたというべきである〉

ここから「仏教」「儒教」そして「神道」という日本人に根づいてきた「宗教」あるいは「宗教精神」との関わりが、歴史的そして文化的視点から論じられている。魚木の「触発」という概念はそこで啓示宗教の意味合いを帯びてくる。

（２０１８年夏）

16 日本人が「宗教」を問うとき

魚木忠一の『日本基督教の精神的伝統』は昭和十六年十二月十五日印刷、十二月二十日発行と奥付にある。この古書を私は作家で元外務省主任分析官の佐藤優氏からいただいた。二〇〇五年のことで『国家の罠――外務省のラスプーチンと呼ばれて』(新潮社)で注目される少し前の頃だったと思う。西部邁氏が主宰する雑誌『表現者』の二〇〇五年九月号(第二号)――当時、私は編集員であり、佐藤氏と哲学者の大窪一志氏と「理念なき日本外交」というテーマで鼎談をした――の席で日本人とキリスト者(佐藤氏は同志社大学神学部出身のキリスト信者である)について語り合ったことがきっかけであった。

魚木忠一については、文芸雑誌『群像』(二〇一八年十月号より)ではじめた佐藤優氏との対談「『危機の時代』を読み解く」(隔月で連載)の三回目(『群像』一九年二月号掲載。佐藤・富岡『〈危機〉の正体』講談社、一四〇頁以下)で少しふれたが、戦後ほとんど禁書あつかいされた

『日本基督教の精神的伝統』は、決して戦前・戦中の日本主義や皇国史観の影響下で書かれたものではない。前回も述べたように、キリスト教を日本人として、そしてこの国の宗教・精神風土のなかでいかに受け容れるかという、宗教史的にもきわめて本質的な課題に立ち向かった内容となっている。

魚木は、純粋なキリスト教というものは存在しない、キリスト教はつねに類型的に理解するしかないとして、キリスト教がそれぞれの地域、文化、ナショナリティに触れること、つまり「触発」によって、たとえばギリシア、ラテン、ゲルマン、アングロサクソンなどの「類型」として存立すると考える。日本にも特有の類型があるはずである。それは「日本的キリスト教」ではなく、単なる受容としての土着化の問題でもない。仏教・神道・儒教というこの国の宗教文化の流れのなかに、救済宗教としてのキリスト教をどのように精神的「宗教」として捉え位置づけるかという問題なのである。

宗教と民族精神

魚木は次のようにいう。

〈日本基督教は、日本国民の宗教的精神が基督教精神に触発することに依って生まれたものである。他の五類型（注・ギリシア等）が夫に独自の民族的天分によって成立するのと同じく、日本類型もわが大和民族の天賦的素質を俟たずしては、成立することは出来なかったであろう。少数の宗教者の体験は短時日間にその全貌を現すが、民族の特性が民族の宗教体験に認められる様になる迄には、長い歴史の試験を必要とする。一つの時代が如何に華やかであっても、それを以て全体を知ることは不可能である〉

ここには民族精神と宗教との関係の、基本的ではあるが本質的な在り方が指摘されている。戦後のキリスト教の歴史を見ればあきらかなように、アメリカ占領政策のなかでのキリスト教布教ブーム（マッカーサーは聖公会の熱心なクリスチャンであったのは周知の通りである）があった。それは敗戦による日本人の心の空洞にアメリカニズムが「キリスト教」という形で入り込んできたといってもよいが、それ以後の、今日に至る日本のキリスト教会（プロテスタント、カトリックを問わず）の停滞を見れば、まさに「一つの時代が如何に華やかであっても、それを以て全体を知ることは不可能である」のはあきらかだろう。

むしろ、戦後の日本のキリスト教会は、「日本類型」という課題を置きざりにしてきた。それは民族主義や国体というものを、戦前・戦中の全体主義的な皇国史観の反動として否定する（というよりもなかったものとして思考の外に斥けようとした）ことによるのはいうまでもない。

日本的なもの、「日本類型」とは何かが、あの戦争の敗北によってこそ問い返されねばならなかったのに、そのことが一切不問に付されたのである。キリスト教でいえば、くりかえすが「日本基督教」とは何かという根本的な問いが、欠落したのである。

魚木は次のようにいう。

〈……鎖国政策は基督教を締出したが、鎖国時代に於ける日本精神の成熟が、やがて基督教への意義深い触発の準備となったからである。儒教はこの時代に真に日本儒教としての面目を発揮し、武士一般の教養となり、その風潮は庶民にまで滲透した。凡ての混淆や習合を排除して、日本的なものを其独自の姿に於て眺めんとする国学が勃興し、神道思想の純化と発展とが実現された。民族精神のかかる成熟を前提とせずしては、基督教の日本類型は決して成立しなかったであろう〉

宗教とはかかる「民族精神」との本来的な関係においてこそ、議論されるべきものだろう。魚木の「問い」こそが、改めて今日のキリスト教界の「問い」にならねばならないと思うのだが。

戦時下の日本思想

興味深いのは、本格的な戦時下体制（大東亜戦争下）にあって、明治以降の日本の思想学問はひとつのピークをむかえるのであるが、そこで共通の思索的土台となっているのが「日本精神の成熟」という要石なのである。

たとえば生物学の領域で今西錦司は『生物の世界』（昭和十六年刊）を刊行するが、それはダーウィンの進化論の適者生存、優勝劣敗、突然変異の生命的な競争的進化ではなく、和の精神に基づく「棲み分け理論」を提唱する。いうまでもなくここでいう「日本精神」とは魚木忠一のそれと同じく、戦時下の国家主義やナショナリズムの熱狂主義とは全く別のものである。

哲学の分野では、昭和十八年に波多野精一が『時と永遠』という名著を刊行する。ギリシア哲学を徹底的に学び取った波多野は、そこからユダヤ・キリスト教の本質に迫り、アウグスティヌスやベルクソンとも十分に比肩しうる時間論を日本語で展開した。

また昭和十九年には鈴木大拙が『日本的霊性』を刊行する。鎌倉新仏教を日本の宗教改革と捉え直して、武士のエートスと禅と浄土教から「日本人のスピリチュアリティ」をあきらかにせんとした本であった。

鈴木大拙は、日本人の真の宗教意識について次のように明言している。

〈日本民族の霊性生活史ともいうべきものが書かれるなら、鎌倉時代にその中心を置くべきであると、自分は信ずるのである〉

この『日本的霊性』もまた、戦火の深まりゆくなかで出版されたことは忘れるべきではないだろう。

波多野精一もまた『時と永遠』をただ西洋思想や宗教哲学史の流れのなかで著したのではない。この本には、波多野自身の「日本人のキリスト者」としての信仰が大きなものとして、その背後にあるのはたしかだからである。

これらの戦時下に著された重要な著作は、いずれも明治以降の西洋の啓蒙主義思想（近代主義）を食い破る形で、日本人のオリジナリティが出ているのである。そしてそこでは日本人にとっての「宗教」問題がいずれもきわめて重要な本質的課題として問われている。今日、忘れ去られた魚木忠一の『日本的基督教の精神的伝統』はこのなかに位置づけられてもよいのである。

（2018年秋）

17　近代科学とキリスト教神学……1

二〇一八年の四月に一冊の異色の対談本が刊行された。社会学者の大澤真幸氏とキリスト教神学者の稲垣久和氏とのキリスト教と近代社会をめぐる『キリスト教と近代の迷宮』（春秋社）という本である。大澤氏は『〈世界史〉の哲学』なるユニークな著作を書き続ける気鋭の社会学者（専門分化した社会学のなかでは「鬼才」と呼ぶにふさわしい）であり、稲垣氏は理学博士であり、トリエステの国際理論物理学研究所、ジュネーブの欧州共同原子核研究所研究員などを経て哲学および神学の研究者へと転向、東京基督教大学大学院教授として公共哲学・キリスト教哲学にかんする多くの著作を持つ。

この対話集は、無神論者という社会学者が外側から見る（語る）キリスト教と、神学者が内側からとらえる視点の交差とずれから、キリスト教の本質が浮かびあがり興味深い。

近代世界を考えるためには、三十年にもおよぶ宗教戦争の終結として各国、各諸侯の信仰の自由を認めたウェストファリア条約（一六四八年）がひとつの線引きとしてあげられるが、むしろルターの宗教改革（一五一七年）からの五百年の歴史を正確にとらえる必要があるだろう。その意味では、本書が近代社会や科学の成立とプロテスタンティズムとの時空的な関連を問題意識にしているのは、大変貴重である。

〝進化〟の意味は

ここで言及したいのは、所収の第2章での「近代科学」をめぐる議論で、（近代の）科学や学問において目的論的な考え方をとるか否かの、根本的な相克があらわになっている箇所である。

キリスト者として、稲垣氏は目的論を排除する近代思想への疑いを表明する。それにたいして、大澤氏は当然のことのように人間は目的から解放されるべしと主張する。

大澤氏はあらためてダーウィンの進化論の意味を「目的論を排除してもこの驚くべき生物の多様性や歴史を説明できることにある」という。近代科学は、キリスト教の世界観すなわちこの世界の被造物（神によって造られたあらゆる存在）は、終末論的な「目標」、（キリストの再臨による「救済」）のなかでとらえられていた考え方を拒否する。たとえ生物の種が〝進化〟するにせよ、それは「ある意味が成就される方向に進んでいる」のではなく、つまり突然変異であり、目的論（合目的性）は非科学的であると見なされた。この意味で近代科学の根底にあるのは「反神学としての反目的論」であったといってよい。

大澤氏は次のようにいう。

〈進化なんかそれこそいかにも目的があるような現象です。高い枝の葉っぱが食べたいからキリンの首が伸びたとか、水のなかを泳ぐためにカワウソの指のあいだに水かき膜ができたとか、目的論的な説明もあふれている。しかし、進化に目的はないのです。まったくランダムなプロセスと自然選択の原理だけで、いかにも精妙な目的がありそうな現象をみごとに説明できるというのは、ダーウィニズムの勝利じゃないですか〉

それにたいして稲垣氏は、

〈近代科学が絶大な影響力をもった現代社会が強迫観念のように目的論を追いだしたがるのは、一種の信仰ではないかと感じてしまうのです〉

と反論する。つまり、反目的論こそ近代科学の最も強固なイデオロギーであるということだ。

もちろん、それにたいして大澤氏はいう。

〈普通は逆だと思います。世界がこのようにあるということに目的があると考えるために信仰が必要となるのです〉

科学と宗教の相克

進化と目的論。ここにはさまざまにくりかえされ議論されてきた「宗教」と「科学」の対立と葛藤と親和の問題がある。近代科学の「反神学としての反目的論」は、ダーウィニズムから、ワトソンとクリックによるDNAの二重らせん構造の発見（一九五三年）による、遺伝子の解明によって、より強力なものとなっていった。分子生物学の登場である。遺伝子レベルでの突然変異に、つまり「偶発的」かつ「無方向的」なものであるという一点に還元すれば、宇宙には目的もなければ、神も存在しないというのである。

この「近代科学」の時代的ヒーローとなったのは、フランスの分子生物学者ジャック・モノーであり、その著作『偶然と必然』（渡辺格・村上光彦訳、みすず書房、一九七二年刊、原著は一九七〇年刊）であろう。

生命ないしは生物が、ある目的に向かって成長し進化すると信じる思想が、「人類の疲れを知らぬ英雄的な努力の現れ」であるにしても、それはすでに過去のものであるとモノーは断じる。

〈……進化という奇跡的な構築物の根底には、純粋に単なる偶然、すなわち絶対的に自由であるという偶然があるだけである。現代生物学の中心概念は、今日ではもはや、多くの可能性のある、あるいは考え得る仮説の中の、単なる一つというようなものではなくなっている。これは観察され実験された諸事実と両立し得る唯一の、しかも考えられる唯一の仮説なのである。（略）またこの概念は、あらゆる科学分野のあらゆる概念のうちで、もっとも根本的に人間中心主義を破壊するものであり、合目的性を強く信じてきたわれわれ人間という存在にとっては、本能的にもっとも受け容れがたいものなのである。したがって、すべての生気説的、物活説的イデオロギーからすれば、これはなんとしてでも追い払わねばならない概念であり、幽霊であるということになろう〉

〈人間はついに、自分がかつてそのなかから偶然によって出現してきた〈宇宙〉という無関心な果てしない広がりのなかでただひとり生きているのも知っている。彼の運命も彼の義務もどこにも書かれてはいない。彼は独力で〈王国〉と暗黒の奈落とのいずれかを選ば

ねばならない〉

サルトル、レヴィ゠ストロース、ミッシェル・フーコーなどフランスの哲学書や思想書が日本でも翻訳されてベストセラーになるのは、この手の「殺し文句」ゆえであろうが、科学においても、哲学においても「反目的論」はヘーゲル・マルクス主義にかわるポストモダン時代の思想的ムーブメントになったのである。

しかし、こうした西洋・近代科学思想の「反目的論的なイデオロギー」は、逆にいえば中世のキリスト教世界観のイデオロギーの裏返しであるともいえる。

科学史家の米本昌平は、近代科学の歴史がキリスト教の宗教的権威と対立してきた事実を指摘する。

〈シニカルな表現をすれば、神学に対する考察を完全に欠いている科学思想史は、ローマ教会の立場からのみ書かれた「教会史」と同断である。

それゆえ近代科学は、このキリスト教的世界観の存在によって逆規定されている面が少なからずある。その一つが「反神学としての反目的論」という思想である。ここには、因果論的説明こそが科学的なものであり、目的論的説明は科学的に不穏であるという確固たる信念がある。この意味では近代科学はれっきとした価値判断を伴った一つのイデオロギーであった〉(『独学の時代』NTT出版、二〇〇二年刊)

対談『キリスト教と近代の迷宮』において稲垣久和氏は、この「反目的論」のイデオロギーのパラダイムを問題化しているのである。これはきわめてアクチュアルな宗教的・思想的そして科学的な課題であると思われる。この問題を現代のAI理論との関係で考えてみたい。

(2019年新年)

18　近代科学とキリスト教神学……2

ＡＩ（人工知能）が一種のブームになっている。これまでも一九五〇〜六〇年代、そして八〇年代とブームがあったが、特定の用途のための専用ＡＩにたいして、今日話題になっているのは、汎用型のＡＩであり、人間のようにあらゆる用途にたいしてつかうことのできる、あるいは人間の知性や能力をはるかに超えた未来的なＡＩである。三十年後には、人間はＡＩに超えられて、ほとんどの仕事はＡＩにとってかわられるといったシンギュラリティ（技術的特異点）がやってくるとの説もある。そうなれば、これまでの産業革命や技術革命のような人間の「労働移動」とは別の光景が現れる。人力でやっていた仕事をＡＩがやることで完全に〝失業〟するので、別な仕事に移るということではなく、ＡＩによる生産性の飛躍的な向上によって、人間は労働から解放されるとの予測すらもある。ＡＩによって「共産主義」社会が到来する（？）のである。

もちろん、そうした未来図が誇張されたものであるとの批判はすでに出ている。

科学と宗教の関係

西垣通著『ＡＩ原論――神の支配と人間の自由』（講談社選書メチエ、二〇一八年刊）は、現在いわれるところの「人間を超越する知性」たるＡＩに、一見すると科学とは相対立するような、宗教的なるものの欲望を見て取っている。その点で興味深い。

〈人間を超える絶対的な知力、いわば宇宙的英知をもつ機械など、われわれ人間がつくれるのだろうか。われわれは、二〇万年くらい前に生物進化のなかで偶然出現した、風変わりな哺乳類である。身体能力も知覚能力も大して高くないが、大脳新皮質だけは異常に発達している。そういう偏った制限付きの身体をもって地球環境のなかで生き抜くためのツールが本来、人知というものなのだ。それなのに、シンギュラリティ仮説によれば、まるでＡＩが至高神のもつ普遍的な絶対知を実現してくれるかのようだ〉

西垣氏は、シンギュラリティがはらむトランス・ヒューマニズム（超人間主義）のなかに、一神教的なものを求める人間の宗教的欲望を発見する。つまり、ＡＩの基本思想と古代ユダヤ教を核とした、キリスト教思想には深い関連があるというのである。

〈言うまでもないが、トランス・ヒューマニストがみな信心深いクリスチャンというわけではない。無神論者もいるだろう。またＡＩ研究者のなかには、たとえ日曜日には教会に行く習慣はあるとしても、伝統的な宗教とは距離をとり、近代科学思想を奉ずる者の方がずっと多いはずだ。だが、科学史が教えるように、近代的科学思想そのものが数百年前のヨーロッパでキリスト教を踏まえて現れたのである〉

さらにコンピュータ科学とユダヤ系学者との強い結びつきが指摘されているが、こうなると正直首を傾げざるをえない。たしかにＡＩの専門家や文明技術の礼賛者たちのなかには、著者のいうように「宗教的伝統をふまえた未来像の蜜と毒」について、ほとんど無知であり、目先の利益を追う者もいるだろうが、汎用ＡＩを「一神教的神話の二一世紀バージョン」と決めつけてしまうのは、いかがなものか。

ここには、近代の科学技術文明を生んだのは、キリスト教であり、現代世界における生態論的な危機は、人間にこの世界を支配させる、「産めよ、増えよ、地に満ちて地を従わせよ。海の魚、空の鳥、地の上を這う生き物をすべて支配せよ」（創世記一章二十八節、新共同訳）という聖書に由来しているとの一神教（キリスト教）批判の近代的イデオロギーがあるように思われる。リン・ホワイトやレイチェル・カーソンなどは、西欧キリスト教の人間中心主義、すなわち人間があたかも神の代理として自然を支配することの責任を指摘している。近代科学のもたらした自然への搾取や人口過剰を、キリスト教の創造論がもたらしたものと見るのである。

しかし、聖書の創造論を、人間中心主義として見ることは、ここ四百年余りの近代的なキリスト教思想のなかから出てきたものである。「絶対知」や「超越的存在」というものも、キリスト教の〝近代〟主義の産物であり、ヘーゲルやマルクスの哲学は、いわば「神」を地上化し、精神化した、一種の倒錯から生まれた思想にほかならない。

「宗教的」ということ

二十世紀に入って、プロテスタントの神学者カール・バルトが徹底的に批判したのは、このような擬似キリスト教としての「宗教的」欲望そのものである。

〈宗教はむしろ、人間の救われなさの発見である。宗教は、享受したり讃美したりすべきものではなく、むしろ振り棄てがたい苦しい軛として荷なうものである。何人に向かっても讃めたてて、これをもつように望んだりすすめたりすることはできない。宗教は一つの禍であって、それが運命的な必然性をもってある人々を襲い、この人々からまたほかの人々へと移ってゆくのである〉(『ローマ書』『カール・バルト著作集14』吉村善夫訳、新教出版社、一九六七年刊)

バルトの宗教批判は、人間の敬虔や信仰心、ヒューマニズムといった内面性に依存する、近代キリスト教への根本的な批判である。しかし、その著『ローマ書』でくりかえし強調されるのは、いかなる宗教批判も、最終的には宗教的であるほかはないという事実である。

これは無神論にしても同じである。無神論的実存主義も、神の不在という理由のもとに、「自由」という人間の可能性が極限化され、神化されているからである。神を信じようが、無神論であろうが、宗教は人間的可能性の「最後にして最高」の欲望としてあらわれ、それは最大の可能性であるがために、また「最悪」のものとなる。バルトはこの宗教の現実を二十世紀の地平で、徹底的に暴き出すのである。

西垣氏が『AI原論』で鋭く問題化するのは、「AI」の神話が、二十一世紀の一神教的な「宗教的支配」の予兆を見せていることへの批判である。

〈二十世紀後半に誕生した多元的思想(構造主義やポスト構造主義)はすでに、一神教的進歩主義の独断的価値を相対化したのではなかったのだろうか。本来、虐げられた貧しい人々を救うために生まれた宗教が、地上の多様な文化を破壊し、有色人をはじめ多くの人々を残酷に搾取する道具として悪用されたという歴史的体験について、われわれはもっと真剣に考察を深めなくてはならないのである〉

「ＡＩ」を「神」的なものとすることが、その「トランス・ヒューマニズム」が、宗教的欲望が科学技術と結びつく、「最大の可能性」であり、つまり「最悪」のものであるのはたしかだろう。

しかし、この宗教的可能性は、「一神教的進歩主義」を相対化した（はずの）「多元的思想」によって否定し、超克できるものでは、むろんない。構造主義やポスト構造主義もまた、その思想の背後に「隠された宗教」の欲望を有しているからである。

近代科学とキリスト教の連関は、「科学史」が教える「近代的科学思想」の歴史的なコンテクストを見ているだけでは、十分ではないだろう。神学と科学は、二十一世紀においてむしろ新たな相関を形成しつつある。たとえば、バルトの流れをくむ神学者ユルゲン・モルトマンは、自然科学と神学が互いを再発見していることを指摘する。「宗教的なるもの」の批判と、神学の持つ今日的な可能性は別けて考える必要がある。

（２０１９年春）

19　近代科学とキリスト教神学………3

アリスター・E・マクグラスという神学者がいる。一九五三年に北アイルランドのベルファーストに生まれ、オックスフォード大学で自然科学を学び、分子生物学で博士号を取得後さらに神学を修めるという、まさに科学とキリスト教神学のいずれの領域にも通じた人である。日本ではキリスト教関連のマクグラスの本が主に教文館から何冊も翻訳されている。『科学と宗教』（原著一九九九年刊、翻訳は稲垣久和氏他の訳で教文館から二〇〇三年に刊行）という一冊があり、中世から宗教改革を経て現代にまで至る「科学と宗教」の関わりを広く長いスパンで解説してみせたものもある。ガリレオ裁判やダーウィンの進化論争などから、今日の物理学や宇宙論とキリスト教の関わりなど、その視野はきわめて今日的な地球的課題を浮きぼりにする。

マクグラスの『十字架の謎――キリスト教の核心』（原著一九八七年刊、翻訳は本多峰子訳で教文館から二〇〇三年に刊行）というルターの「十字架の神学」の現代における再生を試みた一冊は、今日におけるキリスト教の信仰の本質に迫る名著である。今日のヨーロッパにおいて、キリスト教の福音が今日的意味をもつとは確信できなくなっている状況をマクグラスは深く危惧しており、イエス・キリストが十字架についたという歴史的事実を原点とすべきことを強調する。

〈本書では何度も強調することになりますが、自分の勝手な基礎の上に神を語ろうとする人たちは「キリスト教の」という言葉を用いるべきではありません。神について語る真のキリスト教の言葉は、十字架につけられ甦ったキリストに基づく言葉だけです〉

マクグラスは使徒パウロが、グノーシス主義（知識によって悟りを得るような宗教）を批判したことを改めて重視して、キリスト教は「知識」や「知恵」に到達した人だけに理解できるものではなく、十字架という「人間の歴史」のなかでの出来事に、その信仰の基礎が据えられていることを強調する。

〈パウロにとって死と生命、弱さと強さ、苦難と栄光、知恵と愚かさ、悲しみと喜びは、すべて、十字架という注目すべき出来事に織り込まれています。イエス・キリストの宣教とキリスト教徒の存在についてのパウロの理解は、そのような、十字架に集約される死の中の生命、弱さの中の強さ、という主題につらぬかれているのです。私たちが、彼を、死にもかかわらず生命を得られるとか、弱さにもかかわらず力を得られると教えていると解釈するならば、彼の洞察の力は完全には伝わってこないでしょう。パウロにとっては、十字架の非凡な意味は、生命が死を通してもたらされ、力が弱さを通じて示されたということなのです。十字架の謎は、神が自分の愛する者たちのために救いのみ業を行った、目を見張る逆説的なやり方を象徴しています——これは、十字架につけられ甦ったキリストに最高度に示されていますが、キリスト教徒の存在についてのパウロの理解に直接かかわる謎です〉

科学と信仰の両立

マクグラスが立つのは、使徒パウロをはじめとしたキリスト教徒の正統的な信仰に他ならない。十字架の死、そして復活。近代科学の実証主義からすれば荒唐無稽なものと思われる、このイエス・キリストの出来事を最も基本的かつ重大な事柄として受け入れることから、そこからわれわれの世界観なり生命観なり宇宙観がはじまる。

これはひとりマクグラスだけではなく、彼が『科学と宗教』で紹介している現代のキリスト教神学者たちのなかにも明瞭に、「信仰」に立つ理性と合理のもとに、現代の科学の諸々の問題に取り込んでいることがわかる。

その代表者のひとりがジョン・ポーキングホーンである。一九三〇年生れのポーキングホーンの専門分野は理論物理学である。ケンブリッジ大学の数理物理学の教授であった彼は、英国国教会の司祭をつとめている。

科学的な探究が神の信仰と矛盾しないどころか、物理学の世界が神的なものと深く関わっているという視点が、いかに大切なことかをポーキングホーンは実践している。信仰が科学的思考と向き合い、それぞれの近似的真理をさぐるならば、それは人類に新しい「知」の可能性を拓くことになるだろう。神学のドグマティズムと科学のイデオロギーは、二十世紀の奇妙な対立と齟齬を乗り越えて、二十一世紀の科学の到来を告げようとしている。

内村鑑三の〝科学〟

ここでも重要なのは、前々回にもふれた西洋・近代科学思想の「反目的論的なイデオロギー」である。つまり、神学のドグマティズムからの解放は、科学的思考を「反神学としての反目的論」というイデオロギーから自由にしてくれるだろう。もちろん、それはかつての理神論のように、この世界と宇宙の自然法則を、神の摂理的な支配のもとに定めてしまうことではない。

たとえば、ポーキングホーンは、この生物界、自然界の全てのことが「神の意志に従って起こるわけではない」という。

〈創造についてのごく最近の神学理論において、次のことは特に重要である。すなわち、神は世界を存在せしめたとき、その力を自己限定して他のものが本当の意味でそれ自身となるようにした、という考え方である。神の愛の賜物とは自由の賜物であり、あるがままにさせておく賜物である。そしてこのことはすべての被造物にもその本来の性質に適しているいる範囲であてはまる。雪が深く積もった場所では、破壊的な雪崩が起こることがあるのは自然なことであるし、ライオンが獲物を探すのもライオンにとっては自然な性質である。また、細胞が突然変異し、時に新しい形の生物を生み出したり、時には重い障害を作ったり、時にはガン細胞となることも自然な性質である。また、人間は私心のない寛容さを見せたかと思えば、殺人的な自己中心性を見せるときもある。これも人間の性質なのである。それらのことが起こるのは根拠のないことでもないが、神の見過ごしや無関心に責任があるというわけではない。それは神が創造の業をなされたときに、被造物に自由を与えたことの当然の結果である〉(『科学時代の知と信』稲垣久和・濱崎雅孝訳、岩波書店、一九九九年、

原著は一九九八年）

これはかならずしも「最近の神学理論」の考え方ではなく、カール・バルトはその『教会教義学』の「創造論」において、この神によって与えられた「被造物の自由」について体系的に論じている。また、わが内村鑑三も明治四十三年に書いた「近代に於ける科学的思想の変遷」という文章で、「進化論」についてキリスト教信仰の立場から、次のようにいっている。

〈進化と云へば宇宙万物の叙々たる機械的進歩であるやうに思はれて居つた。即ち万物はそ境遇に制せられて独り自から向上する者のやうに思はれて居つた、然れども今や進化はそうは解せられない、進化は機械的進行でなくして生長である。（略）進化は或る理想に向ての進化である。（略）神は玩具師の如くに宇宙の万物を一つ一つ造り給はなかった、彼は生命の父であるが故に、自己の生命を分別して、之をして其開発の途に就かしめた、進化とは此の原始的生命の順序である、自然的といへば自然的である、然れども、機械的、無意識的の自然ではない、宇宙は或る目的に向かって進む者である、故に原始《はじめ》より或る意匠に由つて成つた者である〉

内村は、科学者であり進化論者であり、それ故にこそキリスト信仰の正統に立つ神学者であった。

（２０１９年夏）

20　近代科学とキリスト教神学……4

二十世紀のプロテスタントを代表する神学者カール・バルトの弟子であり、ハイデルベルク大学の名誉教授であったルードルフ・ボーレンという神学者が、一九九六年に来日し、鎌倉雪ノ下教会で講演をした。筆者は同教会員であったので、ボーレン教授の講演を直接聴く機会に恵まれた。今でもその時の感動というより驚きをよく覚えている。

教授は新約聖書の使徒パウロの「ローマの信徒への手紙」から、人間のうちに眠っている「憧れ」――今ここにある時をこえて、別の存在になりたいという感情、他の場所、他の時間を求める思いについて語った。パウロは、その「憧れ」を宇宙的な感覚として持っていたのだという。

〈信仰は、感覚に先行します。なぜかと言えば、私どもの感覚器官は、まだ、それがあるべきものになってないし、やがてそうなるはずのものにもなっていないからです。そのために、石まで抱く憧れに正しく反応することができません〉（R・ボーレン『憧れと福音』加藤常昭訳、教文館、一九九六年刊）

〈それにしたがえば、死んだ物質などひとつもありません。植物や動物だけでなく、石や金属さえも、憧れを抱くものであるのです。救いの出来事が明らかになることを憧れつつ待っています〉（同右）

ボーレン教授は、この「憧れ」（ゼーンズフト）は、新約聖書のなかにある大きな力であるという。パウロの使徒としてのメッセージは、だから決してロマン主義的な空想ではない。むしろこの地上の現実世界にたいする深い洞察であり、救済の言葉である。

〈「なぜならば、現在の時の苦しみは、やがてわたしたちに現されるはずの栄光に比べれば、何ほどのことでもないとわたしは思うからです。なぜならば、被造物は、神の子たちが現れるのを、不安に満ちて待ちこがれているからです」（『新約聖書』「ローマの信徒への手紙」八章十八〜十九節、ルター訳）

エミール・ガウクラーは、この〈アポカラドキア〉を、「被造物の憧れに満ちた待望」と訳しました。自然科学が、この使徒の知識にまだ追いついていないことは明らかです。使徒は被造物の目的とするところから見ているのに、自然科学は、被造物の生成過程から見るだけだからです〉（同右）

「憧れ」の終着駅

少し説明を加えよう。ローマ書のなかで通常「呻き」と訳されている言葉を、ボーレン教授は「憧れ」（原文ギリシア語には両方のニュアンスがある）とドイツ語に翻訳している事実を確認する必要がある。

〈被造物がすべて今日まで、共にうめき、共に産みの苦しみを味わっていることを、わたしたちは知っています。被造物だけでなく、〝霊〟の初穂をいただいているわたしたちも、神の子とされること、つまり、体の贖われることを、心の中でうめきながら待ち望んでいます〉（「ローマの信徒への手紙」八章二十二～二十三節、新共同訳）（同右）

日本語で「呻き」と訳されている言葉は、ルター訳でも seufzen（うめく、嘆息する）となっている。人間も動物も植物も、石さえも、この地上に存在するすべての被造物は、いまだ途上にある。苦しみや不安、嘆きと呻吟のなかで救いの時を求めている。その旅には、終着駅がある。目的・終点があるはずだ。キリスト教における「救済史」といわれるものであるが、新約聖書の使徒たちは、被造物をただ消滅する存在、あるいは生成過程として見るのではなく、被造物の目的を救済の光のなかでとらえるのである。

近代科学の世界、今日の文明社会から見れば、使徒たちの時代は古代世界でしかない。過去の古い歴史である。しかし、被造物にたいする眼差しを、もしこのように転回してみれば、はたしてどちらの歴史が先行しているのか。目的地から、終りから見るとき歴史の順序は入れかわる。

この「憧れ」の終着駅はどこにあるのか。未来というあいまいな空中に求めるならば、それはロマン主義と同じになる。ロマン主義が十八世紀の西洋のヒューマニズムに結びつけば、啓蒙主義的な神学となる。

しかし、新約聖書は、全被造物の抱く「憧れ」の終着駅を、未来ではなく、すでに歴史のなかで起こった出来事——すなわちイエス・キリストの地上への来臨のなかにあるとする。

近代科学と信仰を対立的に見るならば、目的論的な世界観と反神学としての反目的論はイデオロギー的な対立となっていくだろう。しかし、前回も紹介したように、内村鑑三は「進化論」とキリスト教を、そのような対立としてはとらえず、「宇宙は或る目的に向かって進む物である」という。内村鑑三はその意味で、科学的な進化論者であり、キリスト者であった。

今西錦司の「進化論」

今西錦司は、近代日本における生物学・自然学を独特なアプローチで迫り、今西「自然学」と呼ばれる広範な科学・人文学的な学問をつくった。ダーウィンの進化論にたいして、今西「進化論」といわれるものを、一九四一年、三十九歳で著した『生物の世界』ですでに示している。

〈ひと口にいうならば、それは、生物がなんらかの目的をもって行動すると考えることを、〝目的論〟的解釈として、極度に排斥する傾向が芽ばえつつあった時代であり、ダーウィン自身が、いわば、そうしたムーブメントに対する先覚者の一人であった、ということができる。生物の主体性を完全に抹殺し、生物を盲目にしたうえで、進化の主体をすっかり環境の側に押しつけた、かれのあの極端な進化論が、その後一世紀にわたり、いわゆる正統派進化論の中心におかれて、ゆるぎなかったということも、その間に長足の進歩をとげた、実験生物学（遺伝学もその一つである）のゆきすぎた客観主義と――生物の主体性を、あるいは生物の目的追求性を、否定する点で――合致し、その支持をうけていたからにほかならない〉（「正統派進化論への反逆」一九六四年）

近代科学の主流は、キリスト教的な宗教世界からの解放・自由ということで、すでにいったように「反神学」的になり、それは当然「反目的論」的になった。ダーウィニズムから、ワトソンとクリックによるＤＮＡの二重らせん構造の発見（一九五三年）による、遺伝子の解明（分子生物学）の興隆のなかで、その流れはさらに加速され強力なものとなっていった。宇宙には目的もなければ、神も存在しないということになる。

今西が大切にしたのは、自然の現象や事柄を実験室のなかに入れるのではなく、直に観ること――「直観」によるということである。自然学の実践としての「直観」である。今西は登山家としても世界有数の存在であり、冒険家でもあり、フィールドワークの先達者であり、そして科学と自然を統合していく知の全体論者であった。

カゲロウの小さな幼虫をねばり強く観察することと、山岳学（アルペングランデ）を目ざすことを試みた山登りの体験。近代科学の方法だけでなく、類推と直観に根ざして対象をとらえようとすること。その「共棲としての世界観」は、今日の世界にさまざまな問いかけをなしている。

（２０１９年秋）

21　近代科学とキリスト教神学……5

カルロ・ロヴェッリというイタリアの理論物理学者の著書『時間は存在しない』(冨永星訳、NHK出版)が話題になっている。日本語版解説者の吉田伸夫によれば、ロヴェッリは氏「ループ量子重力理論」なるものの主導者であり、これは素粒子が点ではなく「ひも状」になっているという「素粒子のひも理論」を前提とし、時間と空間はこのループという要素から捉え直される。

〈ニュートン以降のほとんどの物理学理論では、時間は数学が言う「実数」と同じものとして扱われ、任意の値で指定される時刻が存在する。だが、ループ量子重力理論は、とびとびになった特定の時刻しかなく、時間そのものが〝量子化〟されている。「滞ることなく流れ続ける」という古典的なイメージに従う時間など、存在すべくもない〉

ニュートンは時間が「宇宙のどこでも同じように流れる」と考えたが、これはアインシュタインの一般相対性理論によって否定された。時間と空間は巨大なエネルギー（天体のような強い重力を生み出す）の周辺では伸び縮みをして歪みが生じる。時間は一定の速度や方向に流れるのではなく、「今」という概念もない。「現在の消失」。さらに量子力学の研究は一般相対性理論が残した重力場としての「時空」という「一時的足場」をも崩壊させる。

ロヴェッリはこういう。

〈普遍的な時間が砕け散って無数の固有時となるところまではよいとして、そこに量子を織り込むと、これらはすべて時間が次々に「揺らぎ」、雲のように散らばって、ある種の値は取り得てもほかの値は取り得ない、という見方を受け入れる必要が出てくる〉

時間が「量子化」されるということである。ロヴェッリは、この「時」が粒のようになった状態のことを次のように実に巧みに文章化して説明している。

〈わたしたちが想像し得るもっとも正確な時計を用いてなんらかの時間の幅が計れたとす

ると、その測定値は特別ないくつかの値に限られていて、離散的であることが判明するはずだ。時間が連続的に継続するとは考えられず、不連続だと考えるしかない。一様に流れるのではなく、いわばカンガルーのようにぴょんぴょんと、一つの値から別の値に飛ぶものとして捉えるべきなのだ。

言葉を変えれば、時間には最小幅が存在する。その値に満たないところでは、時間の概念は存在しない。

アリストテレスからハイデッガーまで、長い年月の間に「連続性」の性質を論じるために費やされた膨大なインクは、おそらく無駄だったのだろう。連続性は、きわめて微細な粒子である対象物をなぞるための数学的技法でしかなかった。この世界はごく微細な粒からなっていて、連続的ではない。神はこの世界を連続的な線では描かず、スーラのような軽いタッチで点描したのである〉

キリスト教的時間観

なかなか美しい、イメージを喚起させる文章であるが、リルケやマルセル・プルーストなどの文学者の名前も借用しながら展開されるこの科学者の時間論のなかで注目せざるをえないのは、次の点である。

時間は、方向もなく、「今」もなく、連続でもないものになったが、「この世界の出来事のネットワークであるという事実に揺らぎはない」。この世界が絶えず変化しているという事実が消えるわけではない、と。まるで仏教の唯識論のアーラヤ識のような世界に入っていくようだが、ロヴェッリが語るのはむしろ、というよりは、やはり、キリスト教的神学への接近である。

〈時間の性質のなかには、19世紀と20世紀の物理学による破壊活動を耐え抜いたものがあった。今「時間」は、わたしたちにはすっかりお馴染みのニュートンの理論による虚飾を脱ぎ捨てて、いっそう鮮明に輝いている。そう、世界とは、ほかでもない変化なのだ。

（略）科学の進化全体から見ると、この世界について考える際の最良の語法は、不変性を表す語法ではなく変化を表す語法、「〜である」ではなく、「〜になる」という語法なのだ。

この世界が「物」、つまり物質、実体、存在する何かによってできていると考えることは可能だ。あるいは、この世界が「出来事」、すなわち起きる事柄、一連の段階、出現する何かによって構成されていくと考えることもできる。ずっと続くものではなく絶えず変化するもの、つまり恒久でないもので成り立っている。基礎物理学における時間の概念が崩壊したとて、この二つの考え方のうちの前者は砕け散るが、後者は変わらない。それによって、不動の時間のなかに状態があるのでなく、限りあるものが偏在することが示され

るのだ〉

キリスト教が近代科学を生んだというのは一面的な見方でしかない。近代科学は、ロヴェッリがいうようにニュートン的な直線的な時間概念から生まれたというが、キリスト教の時間概念は、はじまりがあり終わりがあるという終末論的な歴史・時間論だけがあるわけではない。もうひとつ決定的に重要なのが、三位一体論である。

時間のない世界

三位一体とは、キリスト教・聖書の神は、父なる神と子なるイエス・キリスト、そして聖霊という三つの存在（働き）によって、信仰の根本を成すという捉え方である。聖書自体には三位一体という言葉は直接には出てこないが、新約聖書が証しするのは、ナザレのイエスは父なる神の御子としてこの世につかわされ、その弟子たち（使徒）はイエスをキリスト（メシア）すなわちユダヤ人たちが待望する救世主であることを信じ、十字架上の死から復活したイエスが昇天した後も、父なる神の子なるイエスと、その力としての「聖霊」を受けることで、キリストの教会は信仰共同体の歴史を形成し続けているということである。イエスの死後、数世代を経て、この使徒たちの「三位一体の神」を信じる信仰こそ、正統キリスト教会の根幹として確立された。
いいかえれば、キリスト教の「神」とは、存在している神ではなく、生成する神であるということだ。
このことについてプロテスタントの神学者エバハルト・ユンゲルは、カール・バルトの神学を軸に論じた『神の存在は生成において在る　カール・バルトにおける神の存在の責任的な語り方、ひとつのパラフレーズ』（邦訳『神の存在――バルト神学研究』大木英夫・佐藤司郎訳、ヨルダン社、一九八四年刊）において、イエス・キリストの「神」は、父なる「神」が天上にあってただ存在しているのではなく、子なる「イエス」としてこの地上の人間世界へと赴かれ、「神の存在は永遠から動きの中にあることを示している」という。すなわち、「神の存在は行く」のであり、神の霊（聖霊）の働きによって、つねに「神の存在は生成のうちに在る」のである。

〈神の存在は、父、子、聖霊なる神の存在として、生成においてある存在である〉

これは、カール・バルトの『教会教義学』をめぐる解釈であるが、神は不動のものではなく、「子」と「聖霊」の格をとることによって、つねに「〜になる」の形態を保つのであるとの、キリスト教信仰の本質と根源を見事にいい表している。

カルロ・ロヴェッリは『時間は存在しない』のなかで、あくまでも物理学者の視点から多彩な時間論を展開しており、神学については直接にふれてはいない。しかし、ロヴェッリのある意味では科学的な物理のロマン主義ともいえる時間論は、彼が名前を挙げるパルメニデス、プラトン、ヘーゲル、ハイデッガー、ベルクソンなどよりも、むしろキリスト教の神学に結びつくように思われる。神学もまたイエスにおいて神の受肉が生起し、十字架と復活そして昇天という、「時間のない世界」を使徒たちが視たことから開始されたのである。

（2019年秋）

第3章

来たるべき言葉

――内村鑑三

筆者が『内村鑑三――偉大なる罪人の生涯』（リブロポート刊）を上梓したのは、一九八八年七月であった。三十歳の時であり、シリーズ「民間日本学者」の一冊として刊行したこの小さな本は、自分のキリスト教神学との出会いとなった。

内村鑑三は、キリスト教に関するものはもちろんのこと、その業績は科学、歴史、地理、文学など多岐にわたり、そこから宗教家、伝道者、無教会主義の創始者、文明批評家、近代日本の先覚者というまことに多面的な内村像がこれまでも語られてきた。

しかし、筆者が出会ったのは、次のような「内村鑑三」であった。

〈余は著述家ではない、説教師ではない、文学者ではない、哲学者ではない、科学者ではない、慈善家ではない、然り義人ではない、勿論聖人ではない、世に認められるべき行為でもない、余はクリスチャンである、キリストに依頼む者である、彼の十字架を仰ぐより他に何の芸も能も才も徳もない者である〉（「十字架の信仰」大正八年）

近代日本の価値観のなかでは「何者」でもない、いや「何者」でもなくなる他はなかった一人の男、そこにおいて或る何者かに強いられてキリスト者となった内村鑑三こそ、考えてみたいと思ったのである。

一九八八年の当時のことを回想しよう。元号でいえば昭和六十三年、翌年一月七日、六十二年と十月に及んだ「昭和」の時代が終わる。国内は折しも「バブル」の狂騒のさなかにあった。一九八五年九月、ニューヨークのプラザホテルで日米英独仏の蔵相、中央銀行総裁が集まって「プラザ合意」が決定された。レーガン政権下のアメリカの深刻な貿易・財政赤字を受けて（とりわけ日本との貿易において）、金融市場へのドル安誘導協調介入の合意が形成されたのである。その結果、円が急騰し、日本政府は国内市場への流動性（貨幣）供給を大幅に緩和し、不動産の価格が急上昇するなどして、いわゆる「バブル」現象が日本経済を覆い尽した。この経済の「泡立ち」現象は、しかし経済・市場の問題だけではなく、日本人の生活感覚から学芸、思想に至るまで、これまでにない恐ろしいまでの「浮遊」感をもたらした。

文芸思潮においても、構造主義、ポスト構造主義、記号論等、新しい思想が次々に輸入されては流行する。それは、主に西洋の形而上学批判をふくむ思想であったが、筆者もまた流れのなかで文芸評論を書き始めながら、そうした思潮をほんとうに自分たちの問題として実感できるのか、自分たちの言葉で切実に語りうるのか、との疑念にとらわれていた。ただ〝新しい〟思想がもてはやされ、流行し、実感されるよりもはやく差異化されているだけなのではないか。西欧思想をすでに自明のものとして受け入れているわれわれは、「神の死」などということを、あたかも自明のこととして語る。しかし「神の死」どころか、この国の近代には、そもそも神学の思考が根本的に欠落しているのではないか。そんな思いを否定しようもなかった。

内村鑑三は、日本の近代（それはポスト・モダンといわれても同じである）の、このような跛行状態を、まさに身をもって超克しようとしたのではないか。そう考えたとき、内村の言葉の強い現在性を感じた。内村は、宗教的なものが近代主義（近代科学）の産物にほかならぬことを看破し、西洋の近代のキリスト教そのものに痛烈な批判を加えた。それは世俗化されたキリスト教――ヒューマニズムに訴えるキリスト宗教――の虚偽を暴き出さずにはおかなかったが、そのことは、一九八〇年代の日本のポスト・モダンの「バブル」思潮への、根本的な批判と反省をもたらさずにはおかないだろう、と思った。

つまり内村鑑三はキリスト教によって近代的な人間を救済したのではない。むしろ近代的な人間を、キリスト教によって破壊し打ちくだいたのである。そこから福音を説き、真の人間の救済を求めようとした。

〈近代人は自己中心の人である。自己の発達、自己の修養、自己の実現と、自己、自己、自己、何事も自己である。（中略）キリストの立場より見て所謂「近代人」は純粋の野蛮人である。唯自己発達の方面が違ったまでである。近代人は絹帽を戴き、フロックコートを着け、哲学と芸術と社会進歩とを説く原始的野蛮人と見て多く間違いはないのである〉（「近代人」大正三年一月）

〈近代人は恐ろしくある。彼は自己主義が極度に霊化したる者である。彼は自己に就て毛頭疑わない。而して万事に就て自己の批判の正しくあるを固く信ずる。（中略）彼に彼自身の道徳がある、又彼れ自身の神とキリストとがある。（中略）実に近代人は近代文明の生んだ駄々ッ児である〉（「近代人に就て」大正十三年二月）

〈近代人他なし、自己を神として仰ぐ者である。道徳の標準を自己に求める者である。極端の主観主義者である〉（「近代人の神」大正十四年一月）

いいかえれば、これは近代世界における人間中心主義批判である。

最近、日本でも翻訳され話題となった一九七六年生れのイスラエルの歴史学者ユヴァル・ノア・ハラリは『ホモ・デウス――テクノロジーとサピエンスの未来』(柴田裕之訳、河出書房新社、二〇一八年刊)で、近代以降の「中心的宗教革命」は「人間至上主義」であったと指摘しているが、ハラリがいいたいのは、「人間至上主義」が、生物をアルゴリズムへと化し、AIが「人間」を支配し把握する「未来」を生み出すという警告である。内村鑑三は百年前に、このことを預言的に語っているのである。

内村鑑三は、日本人の神学者として際立った特色を持っている。それは一般的にいって日本のキリスト者には例外的に、旧約聖書を深く自らの信仰に血肉化していることであろう。管見の限りでは、内村の他には哲学者の森有正がそうであるが、いずれにしても旧約聖書は「人間至上主義」などカケラも無いのである。魂の救いといった問いなどはないのであり、つねに地上における「神の国」が、つまり彼岸ではなく、今ここに在る世が鋭く根底的に問われるのだ。

拙著『内村鑑三』を刊行して後、筆者があらためてこの預言者的日本人の言葉を痛切に受け止めざるをえなかったのは、二十一世紀に入ってすぐに世界的な衝撃を与えた、あのアメリカ合衆国で起きた同時多発テロ事件であった。以下の文章は、この世界的な一神教をめぐるターニング・ポイントをふまえて、二〇〇四年五月に刊行した『日本の説教3 内村鑑三』(日本キリスト教団出版局)の「解説」として書いたものである。内村鑑三の遺した言説は、二十一世紀へ、今日の混沌と化す世界の地平に確実に、来たるべき言葉として到来する。

〈教会は九月一一日も九月一一日以前と同じように神を語らねばならないのです。神は人間の友であろうとする神である、という仕方以外では神であろうとはされない、ということを教会は語らねばなりません〉（エーバーハルト・ブッシュ「二〇〇一年九月一一日以後の世界における神学の課題」『カール・バルトとユダヤ人問題』新教出版社、二〇〇四年刊）

*

カール・バルトの影響を受け、『カール・バルトの生涯』や『カール・バルトと反ナチ闘争』などの邦訳によっても知られている、現代ドイツの神学者であるE・ブッシュは、二〇〇二年十月に来日したとき、アメリカの同時多発テロの悲劇の後に、こう語った。

あの九・一一事件が、世界に与えた衝撃は測り知れないものがあった。ニューヨークの世界貿易センタービル（WTC）にハイジャック機が突撃テロを行ない、その巨大な塔が崩落していく影像は、二一世紀の人類に、悪夢のようについてまわることになるだろう。いや、その後のアメリカによるイラク攻撃とテロの応酬は、泥沼の様相を呈しており、平和の祈りで幕をあけたはずの新しい世紀が、「新しい戦争」の時代であることを、今われわれは否応なく眼前にしているのだ。人類史上、未曾有の死者を出し、原子爆弾を炸裂させた二十世紀の戦争を体験した人間は、その反省に立って、平和を希求してきた。高度な文明は平和をもたらす、との期待があったのも確かであろう。しかし、その新世紀の一年目にして、それが巨大な矛盾であり、大いなる錯覚であったことをわれわれは最も悲劇的なかたちで知らしめられた。それは、グローバリズムと呼ばれている「文明」が、決してグローバル（地球規模）に、豊かさや自由をもたらすものではなく、むしろ地球上において極端な豊かさと貧困の格差を生み、自然や環境の破壊を起こし、さまざまな矛盾と問題をもたらしているという、まぎれもない現実である。グローバリズムそのものを推し進めてきたのがアメリカであることを思えば、WCTの崩落の映像は、グローバリズムという名の巨大文明の崩壊を象徴しているといってもいい。テロリズムは、文明にたいする挑戦であるという言い方が、事件のあとしばしば使われたが、テロそのものを生み出してきたのが「文明」であるともいえるのである。

　第一次大戦中に出版された（一九一八年）オズヴァルト・シュペングラーの『西洋の没落』は、文明を〈人間という高度の種によって可能とされるところの最も外面的な、また最も人工的な状態である〉と定義し、すでにしてこう指摘していた。

> 〈文明は終結である。生につづく死であり、発達につづく凝固である。豊かな形式をもって大地に生死を託する民族にかわって、新しい流浪民、新しい寄生虫である大都市住民が

生じ、農民生活を心から嫌う無宗教で、理知的で、不産物な人間が大群をなして生じ、無形式のままでふらつくようになる〉

グローバリズムとは、シュペングラーが百年前に予告した、この「文明」の文字通り地球規模における完結――すなわち「生につづく死であり、発達につづく凝固」ではないだろうか。とすれば、われわれが直面している困難と悲惨は、決して新しい出来事ではない。九・一一以後に、「新しい戦争」が突如として開始されたわけではない。

〈キリストのこの世に来り給いしは平和を来たすためであります。しかるに彼が生れ給いてより後千九百余年の今回、この世は少しも平和の世ではありません〉

内村鑑三は、一九〇二年(明治三五年)のクリスマスに「平和と争闘」と題してこう語った。近代国家としての歩みをはじめた日本は、欧米列強に伍して軍備を拡張し、翌々年の一九〇四年(明治三七年)にはロシアとの戦争に突入する。内村が日露戦争にたいして、一貫して戦争絶対反対論(非戦論)を主張したことはよく知られているが、この「クリスマス演説」を読めば、内村がただ「国と国の間にのみ限」って、「戦争」ということを考えていたのでないことはあきらかである。

〈……資本家と労働者との衝突は日々に熱度を高めて来まして、ここに未来の大戦争を萌《きざ》しております、競争と競争、衝突と衝突、これが紀元の千九百二年のイエス降誕祭における文明世界の状態であります〉

世界の情勢は、やがて第一次大戦（一九一四年）、そしてロシアにおけるプロレタリア革命（一九一七年）と、「未来の大戦争」へと突入していくことになるのだが、内村鑑三が百年前に語ったこの「文明世界の状態」は、今日にもなお当てはまるのである。いや、それだけではない。

〈そうして今眼を転じて階級と階級との争いより個人と個人との折衝と反目を視ますればこれまた実に惨憺たる者であります。……（中略）……子を恨む親、親を怨む子、兄を憤る弟、弟を嘆く兄、一家淆乱《こうらん》、社会紛乱、実に見るに忍びざる状態《ありさま》であります。世は平和どころではありません、鮮血淋漓《りんり》たる戦場であります〉

この「戦場」は、今も止むことなく続いている。今日の新聞をひらき、テレビのニュースを見れば、毎日のように「一家淆乱《こうらん》、社会紛乱、実に見るに忍びざる状態《ありさま》」が赤裸々に映し出されている。

内村鑑三の非戦論は、ただ日露戦争という自国の出来事にのみ向けられたものではない。それは「戦争のない状態」としての「平和」を求めたものではない。「国と国との間」の戦争、階級の間の闘争、社会や家庭や個人の「折衝と反目」を、ただ解消しようとの願いでもない。それは「鮮血淋漓《りんり》たる戦場」が、ただ消え去ればよいとの思いでもない。内村の願うところの「平和」とは、人間の罪からの解放であり、この天地万物の創造主たる神との、人との和解である。そのような意味での、人間存在の根源的な救いの謂《いい》である。

〈そは吾らの謂《い》う平和とは無事との謂いではありません。平和は神の意志と人の意志との調和であります、直ちに神の霊を我が心に寓《やど》すの歓喜《よろこび》であります。あれは実に神より出て人のすべての思う所に過ぐる平安（ピリピ書四章七節）でありまして、神はかかる平安を我らに下し給わんためにキリストを世に降し給うたのであります。我らは平和を世の安逸を望む者がなすように解してはなりません。……〉

内村鑑三は、一九〇〇年（明治三三年）に、若い頃からの宿願であった『聖書之研究』という月刊誌を創刊する。これは日本で最初の聖書研究誌であり、内村は死去するまでの三十年間、この雑誌の主幹として、日曜日の聖書講演を掲載し主要論文を書き続けた。その非戦論は、したがって彼の聖書への集中のなかから導き出されたものであり、その信仰の全体に、深く関わっているのである。それは政治的・状況的な「反戦」論ではなく、また人類愛やヒューマニズムといった思想から生じたものではない。

それはあきらかに一九一八年（大正七年）頃より、具体的に文章化され具体化される、イエス・キリストの再臨信仰、キリスト教の終末論に分ちがたく結びつけられている。そして、第一次大戦という「世界未曾有の大戦争」（内村の言葉）との対峙のなかから生まれたのであった。日露戦争当時は、たしかにいかなる戦争にたいしても「絶対的廃止」の姿勢をはっきりと示していたが、それはいまだ次のような表現にとどまっていた。

〈……余は日露非開戦論者であるばかりではない、戦争絶対的廃止論者である、戦争は人を殺すことである、そうして人を殺すことは大罪悪である、そうして大罪悪を犯して個人も国家も永久に利益を収《おさ》め得ようはずはない〉（「戦争廃止論」明治三六年六月三十日『万朝報』）

「人を殺す」ことの「大罪悪」を糾弾し、どのような理想も目的も戦争を正当化しえないことを語る。しかし、こうした人間の努力によって、戦争を廃するという期待は、第一次大戦という二十世紀の歴史的現実の前に完全に砕れる。とりわけ、一九一七年のアメリカの参戦を目の当りにして、内村は「今や平和の出現を期待すべき所は地上どこにも見当らないのである」ことを痛感し、彼自身の非戦・平和論のスタンスを大きく転換していくのだ。

それは内村にとって、聖書の読み方の転換、コンヴァージョンと軌を一にしたものであった。一九一八年一月六日に東京神田青年会館での講演「聖書研究者の立場より見たるキリストの再来」で、内村はその再臨信仰を次のように明言した。

〈……キリスト来りてこの事を完成し給うのである。平和は彼の再来によりて始めて実現するのである。

しかしてこのキリストの再来こそ新約聖書の到る所に高唱する最大真理である、マタイ伝より黙示録に至るまで試みにこの真理を教うる辞句に付印せんか、毎葉その数行を見ざるはない、聖書の中心的真理をなすはすなわちこれである、これを知って聖書は極めて首尾貫徹《コンシステント》せる書となり、その興味は激増しその解釈は最も容易となるのである、これを知

って聖書研究の生命は無限に延びるのである〉

内村はタイトルに「聖書研究者の立場」という言葉をあえて記しているが、ここにはキリスト者内村鑑三の信仰の最も根本的なものがある。その再臨信仰は、彼の思想の、その生涯の頂点である。ここに至るために、それまでの内村は存在してきたといってもいい。

一八六一年、明治維新の七年前に、上州高崎藩江戸詰めの藩士・内村金之丞宣之の長男として江戸小石川に生れた鑑三は、没落士族の子息として、十六歳のときに、W・S・クラークが教頭を務め、キリスト教教育をなした札幌農学校の第二期生として、一八七七年（明治十年）九月、北海道の地へ渡る。翌年六月、メソジスト監督派教会の宣教師M・C・ハリスより受洗した内村は、農学校を卒業後に農商務省の役人になるが、一八八四年（明治十七年）に米国への留学を決意する。ペンシルヴァニア州エルウィンの州立児童病院で看護人として働きながら、内村は旧約聖書を耽読し、霊的な回心を体験する。その後、アマスト大学に移った内村は、J・H・シーリー総長の感化を受け、「きみの義はきみの内にあらずして十字架上のキリストにある」との助言を受けて、贖罪信仰に目覚める。この米国での経験は、『余は如何にして基督信徒となりし乎』（一八九五年＝明治二十八年に英文にて出版された）のなかで、詳しく描かれている。その最後で、内村は次のように記している。

〈……海陸二万マイル余をさまよった後に、ポケットに残った金はわずか七十五銭だった。故国に携え帰った知的資本も、同じ年同じ境遇の国人と比較すれば、取るに足らないものだった。科学、医学、哲学、神学、――このたぐいの一枚の学位証書をも、両親を喜ばせる贈り物として、持ち帰らなかった。しかし私は自分が得たいと望んだもの、すなわち「ユダヤ人にはつまずかせるもの、異邦人には愚かなもの」を得たのである。まことに私はキリスト教国で、予期したような方法によって、それを発見したのではなかった。すなわち往来でそれを拾わなかった。教会や神学校の中でさえ拾わなかった。しかしさまざまなまた予期に反した方法で、私はやはりそれを得た。そして満足した。それゆえ、たとえ喜んでもらえようと、もらえまいと、これが両親と国人とへのわが贈り物だ。これこそは人類の霊魂の希望、これこそは国民の生命である。いかなる哲学も神学も、人類の歴史においてそれの占める位置を占めることはできない。「わたしは福音を恥としない。それは、ユダヤ人をはじめ、ギリシャ人にも、すべての信じる者に、救いを得させる神の力である」〉

パウロのこの言葉を記したときから、内村鑑三のキリスト者としての真の生涯がはじまったといってもいいだろう。内村が三年と六か月の留学を終えて帰国したのは、一八八八年、明治二一年五月であった。そして、第一高等中学校の教員となった内村は、世にいわれる不敬事件に遭遇する。天皇の教育勅語(明治二十三年十月三十日発布)の奉読式にさいして、クリスチャンの教員である内村は、十分な敬礼を拒んだとの告発が学校内部から起こり、やがてマスコミによって、それは〝事件〟とし針小棒大に取りあげられ、キリスト信徒による〝不敬事件〟として全国にひろまったのである。「国賊」「不敬漢」のヤソ坊主として、非難と中傷の的となった内村は学校を追われ職を失い、愛妻も心労のため流感に冒され亡くなり、困窮する。しかし、「神に発見された」者として、内村は野にあって言論をもって戦い、福音伝道にその力を注ぎ、『東京独立雑誌』(明治三一年六月‐明治三三年七月)を経て、『聖書之研究』の刊行に至るのである。

そして、一九一八年(大正七年)の同誌より、内村は再臨信仰を力強く宣べ伝えていくことになる。その年の『聖書之研究』の一月号では、「新年を祝す」という題のもとにこう記している。

〈ここにまた新年が来た。その事は何を教うるか? その事はパウロの左の言《ことば》の真実《まこと》なるを教うる、汝等時を知る、今は眠りより覚むべき時なり、そは初めて信ぜし時より今は我等の救近《すくい》けれぱなり、夜既に更《ふ》けて日近づけり、故に我等暗黒の行《わざ》を去りて光明の甲《よろいき》を衣るべし〈羅馬《ロマ》書十三章十二、十三節〉〉

「平和の告知」「聖書研究者の立場より見たる基督の再来」「万物の復興」「世界の平和は如何にして来る乎」「聖書の預言とパレスチナの恢復」などの論稿は、いずれもこの年に『聖書之研究』に掲載されたものである。この時期のものを集中的に収録したのは、くりかえすが、ここにキリスト者内村鑑三の福音のメッセージの精髄があると思われるからだ。

キリストの再臨とは、イエス・キリストがその肉体をも持って文字通りこの地上に再来することである。再臨とは、神の約束であり、人間と万物の救いの成就・完成の時である。キリスト教信仰は、このキリストの再臨をして終末の時と呼び、そのとき死者もまた復活し、救済の栄光に授かることができる。

内村は、自らの生涯で「三度大変化が臨んだ」という。一回目は札幌におけるキリスト教入信、二回目は米国に渡りアマスト大学にいたときに「道徳家たるを止めて信仰家」となり、「余の義を余の心の中に於て見ずして之を十字架上のキリストに於て見た」とき、そして三回目がキリストの再臨を確信したときである、と。そして、内村の非戦論もこの再臨信仰のなかで、より深く根源的なものとなっていったのである。

ところで、内村が再臨信仰に至るきっかけとしては、すでに述べたように第一次大戦の衝撃、とくにアメリカと参戦があった。また、個人史的には愛娘ルツ子の死（一九一二年＝明治四五年）があり、さらに一九一六年（大正五年）八月に *Sunday School Times* の論文「キリストの再臨は果して実際問題ならざる乎」がその信仰への端緒を開いたといわれている。むろん、そこに内村自身の聖書研究による霊的経験の深化があったことは疑いえないが、もうひとつきわめて重大な歴史的現実がそこに関与していることを指摘しないわけにはいかない。

それは一九一七年十一月に、英国がパレスチナの土地にユダヤ民族が郷土を建設することを認めた「バルフォア宣言」である。この宣言によって、紀元七〇年にローマ帝国の軍隊によってエルサルムの第二神殿（ソロモン神殿）が破壊され、以後千九百年ものあいだ、祖国を持たないディアスポラ（離散）の民として生きてきたユダヤ人は、パレスチナへの地への帰還を果たすことになったのである。一八九六年のテオドール・ヘルツェル『ユダヤ人国家』の刊行によって火をともされた、祖国復帰としてのシオニズム運動は、ここにひとつの決定的な歴史的・政治的な基盤をつくったのである。もちろん、バルフォア宣言自体は、第一次大戦後の中東・アフリカ支配の目論見と、膠着した戦局からの脱却のために、アラブ諸国がトルコ領シリアに謀反を起こせば独立国家として認めるということを約束したマクラホン書簡（一九一五一六年）と対になった、英国の「二枚舌外交」の産物であったが、これによってユダヤ人は、アブラハム以来の約束の土地への権利を得ることになった。シオニズム運動は、歴史の表面上においては、オスマン・トルコ帝国の崩壊と欧州列強の帝国主義の狭間に噴出してきたものであり、二十世紀に出現する近代イスラエル国家（一九四八年）の形成の潮流は、ナショナリズムによる国民国家の形成の流れと重なっているように見える。近代史においては、事実そのような記述となるだろう。

しかし、内村鑑三は、パレスチナの地からはるかに遠い日本にあって、二十世紀の最初の二十年間に急速な昂揚を見せた。ユダヤ人のシオニズム運動を、二千年の歴史的スパンのなかの、巨大な地殻変動として捉えたのであった。それは、ある意味では第一次大戦という「世界未曾有の大戦争」よりも重大な出来事であることを、内村は見抜いていた。なぜなら、このユダヤ人のパレスチナ復帰の出来事にこそ、聖書の預言の真理の、その啓示の具体的な顕われがあると彼は考えたからだ。啓示とはそもそも覆いを取り去るという含意がある。すなわち、ユダヤ人の約束の土地への復帰は、啓示的な出来事であり、実証的な近代的な歴史主義の覆いを取りはらってみれば、それはまさにエゼキエル的な意味における復活（旧約聖書エゼキエル書三七章に記されている、朽ちた骨からの肉体のよみがえりの奇跡）に他ならないのであり、それは近代精神にとって根本的に異質な、驚異に満ちた出来事なのだ。

内村は、父祖の地へ帰還するユダヤ人に、この聖書の預言を明確に見ていたのである。当時の日本人としては、おそらくこれはきわめて例外的なことであったろう。そして、このイスラエルとの歴史的連関の中に自覚的に身を置いたとき、「聖書研究者」としての内村は、決定的に「基督の再来」のヴィジョンを獲得したと思われる。その意味で、「聖書の預言とパレスチナの回復」と題された文章は、内村の再臨信仰を考えるとき看過することのできないものなのである。エゼキエル書、エレミヤ書、ゼカリヤ書を冒頭に引用した後で、内村が次のように明記していることに注目せずにはいられない。

〈ユダヤ人の歴史は大いなる奇跡である、その今日まで幾多の迫害に耐えて四千年間の存在を続けし事が大いなる奇跡である。その聖書の預言に適《かな》いてパレスチナの地を回復しつつある事がまた大いなる奇跡である、しかして注意すべきはユダヤ人に関するこれらの奇跡が今日我らの信仰にとりて極めて深き関係を有する事である〉

このように内村の信仰は、個人の内面的なものではなく、現実の歴史の動きと時代の潮流との深い関わりの洞察によって深められていったのである。

一九一八年（大正七年）からおよそ一年半にわたって、内村は再臨運動を展開する。神田のキリスト教青年会館における講演会を中心に展開されるが、会場には毎回千人をこえる聴衆が集まり、「再臨集会」ともいうべき異様な熱気を呈した。内村はさらにこの運動において、ホーリネス教会の中田重治や、組合教会の木村清松といった牧師たちとも共闘し、伝道旅行も、大阪、京都、神戸、北海道、福島、宮城、山形、岡山と精力的に行なった。しかし、その再臨運動が、社会的なひろがりを見せるうちに、聖書の真理と信仰とは無関係にさまざまな〝再臨狂信者〟を生み出し、そのことに危惧を覚えた内村は、運動を中止する。後に、内村はその最晩年にこういっている。

〈私は長らくキリストの再臨を説かなかった。それは再臨を忘れたからではない。勿論その信仰を棄てたからではない、我国の信仰状態に於て、我が先年為した以上に之を説くの必要を感じなかったからである、更にまたその危険を感じたからである。再臨は聖書の中心真理と云わんよりむしろその最終真理と称すべきである。（中略）しかるにその余りに壮大壮美なる教義であるが故に人は始めて之に接してその胆《きも》を挫《ひし》がれ、判断を紊《みだ》され易くある。世に所謂「再臨狂」の多きは之がためである。私はキリストの再臨を説いて多くの悲しむべき再臨狂の実例に接した〉（「再臨再唱の必要」昭和五年四月）

再臨運動を終えた内村は、もう一度あらたに聖書の世界へと入って行く。モーセの十戒、ダニエル書、ヨブ記、そしてロマ書が一九一九年（大正八年）より四年間にわたって、東京丸の内の大日本私立衛生会講堂において講ぜられたのである。旧約から新約へ、そして新約から旧約へ。内村鑑三は、その生涯を賭して日本人に向かって聖書のメッセージを語り続けた。

一九二九年（昭和四年）の十一月より十二月二十二日まで、内村は創世記についての連続講演を行なう。それは内村の最後の聖書講演となった。再臨信仰より十一年、聖書の世界を生き、説き続けてきた内村は、最後に天地と人類のはじまりを講じたのである。一九三〇年（昭和五年）三月二八日、二日前に古稀の誕生日を迎えた内村鑑三は七十歳でこの世を去った。「創世記の研究」のなかの「その二　人の創造」の次のようなメッセージを、今日のわれわれはどう受け止めるべきか。

〈……人類がもし知識によらずして信仰によりてその発達を遂げたならば今とは全く異なりたる文明を産んだであろう。すなわち人生の至上善と称せらるる愛、義、同情の世界を実現したであろう。そして知識もまた豊かに賦与《さずけ》られたであろう。戦争と涙の伴わざる進歩発達を見たであろう〉

あとがき――クライシスの本質

新型コロナウイルス、Covid－19の世界的な感染の拡大は、われわれの生活を一変させているが、これは人類史におけるひとつの転換をもたらすだろう。それは、危機（クライシス）というものが、どのような形態をとって現われるかを、かつてないほど露呈させているからである。一面では二十世紀後半からのグローバリズム、新自由主義と呼ばれる世界経済（資本主義）の危機であり、社会や文化のシステムの危機であり、政治や行政の機能の危機をあきらかにしているが、それ以上に、人間の内面の危機なのである。

戦後ドイツを代表する哲学者のユルゲン・ハーバーマス（一九二九年～）は『後期資本主義における正統化の問題』（原著一九七三年）で、「危機の概念は、学問的な議論に入る以前に医療での用語法でおなじみである」といい、次のように指摘する。

〈そのさい、われわれが思い浮かべるのは、病気の進行過程において、主体・有機体の自然治癒力が快復するのに十分あるかどうかが決まる局面である。病気という危機的な経過は、なにか客体的・客観的なものであるように見える。たとえば、感染症は生体への外部からの作用によってひき起こされ、その生体がそうであるべき状態、すなわち健康という正常な状態から逸脱しているかどうかを観察することができ、経験的な数値を用いてそれを測定することができる〉（山田正行・金慧訳、岩波文庫、二〇一八年刊）

感染者の増加とか検査の数値に現われるものが、危機の実体であるように考える。それは危機の実体では、しかし決してない。患者が病気をどのように体験しているかは数値や指標では捉えられない。なぜなら、危機とは、何よりも人間にとって、その一人ひとりの主体的な要素に関わるからである。

〈危機を、そこに巻き込まれている人間の内面的な観点から切り離すことはできないのだ。患者が病気の客体性にたいして無力感を覚えるのは、ただ、みずからの力を完全に掌握した主体である可能性を一時的に奪われ、受動的であるように強いられた主体になっているからにほかならない〉（同右）

普段われわれは主体的に自分で歩いたり、食べたり、考えたりしている。しかしひとたび

「患者」となるとそうした主体性を奪われてしまう。それは身体性の次元だけでなく、精神の、心の領域においても、受動的であるように主体は強いられる。つまり、内面の危機であり、ここにクライシスの本質がある。今われわれが体験しているコロナ禍は、ある意味ではたまたま感染していない人間もふくめて、全ての人間の主体性を奪っているといってもいい。ワクチンが開発されても、新たに到来する監視社会は、これを日常化するだろう。

　しかし、ここでより根本的な問いが浮上する。それは、「みずからの力を完全に掌握した主体である可能性」とは、そもそも何であるのか。われわれは、この言葉の意味を理解しているのか。たしかに人間は、その「主体性」において、自らの存在理由を発見する。生きる意味を見出すことができる。だが、人間は果たして、「みずからの力を完全に掌握した主体である可能性」を、完全に保持した者なのか。それはもしかしたら「人間」が世界の、宇宙の中心として存在すると思われてきた、最近の時代の表層のことなのではないのか。この時代を厳密に定義するのは難しいが、おそらく「近代」といってもよい。本書の第1章で詳述した「人間至上主義」の時代と呼んでもいい。

　古来、宗教論とは、人間の内面を問うことではなく、自らの内面や心を、絶対的なものであると思い込むことへの本質的批判であった。聖書のなかに魂の救いへの問いがあるだろうか。個人の救いの思想など、どこにあるだろうか。イエス・キリストが地上にもたらしたのは、旧約聖書（ヘブライ語聖書）が人間の歴史を貫いて雷鳴のように轟き、物語ってきた地上における「神の義」の思想の完全なる実現であったのではないのか。

ポストコロナの時代において、問われなければならないのは、「人間が世界の主体であり宇宙の中心である」という近代的な妄想そのものであろう。混乱と混沌の時代と状況のなかから生れて来るものは、新しい人間の思想ではなく、旧い思想の未来へのよみがえりであり、その「過去の生成」としての宗教論ではないか。

本書の中軸に置いたのは『宗教問題』に連載した文章である。毎回の連載は、今日の状況への発言であるが、そのモチーフは第1章及び第3章と通底している。長期にわたる『宗教問題』への執筆をうながして頂いた白馬社の西村孝文氏、そして合同会社宗教問題の編集発行人の小川寛大氏にあらためて感謝申し上げたい。そして、一冊にまとめる貴重な機会を頂いた春秋社の小林公二氏に御礼申し上げる。最後になったが、前著『古井由吉論』に引き続き、素晴らしい装丁で本書を飾って頂いた芦澤泰偉氏に感謝する。

二〇二〇年十二月十三日

富岡幸一郎

初出一覧

第1章　危機の時代の宗教論　書き下ろし
第2章　宗教と政治の狭間　『宗教問題』二〇一二年一二月号〜二〇一四年四月号（白馬社）、二〇一四年夏号〜二〇二〇年新年号（合同会社宗教問題）に連載。
第3章　来たるべき言葉　『日本の説教3　内村鑑三』（日本キリスト教団出版局、二〇〇四年）解説。

なお、第2章、第3章にも大幅な加筆を施している。

富岡幸一郎（とみおか・こういちろう）
1957年、東京都生まれ。文芸評論家、関東学院大学国際文化学部比較文化学科教授、鎌倉文学館館長。中央大学文学部仏文科卒業。1979年、「意識の暗室——埴谷雄高と三島由紀夫」で第22回群像新人文学賞評論優秀作受賞。西部邁の個人誌『発言者』と後継誌『表現者』に参加し、『表現者』編集長も務める。著書は『戦後文学のアルケオロジー』（福武書店、1986年）、『内村鑑三——偉大なる罪人の生涯』（リブロポート、1988年／中公文庫、2014年）、『使徒的人間——カール・バルト』（講談社、1999年／講談社文芸文庫、2012年）、『川端康成——魔界の文学』（岩波書店、2014年）、『生命と直観——よみがえる今西錦司』（アーツアンドクラフツ、2019年）、『〈危機〉の正体』（佐藤優氏との共著、講談社、2019年）、『天皇論——江藤淳と三島由紀夫』（文藝春秋、2020年）など多数。

危機の時代の宗教論
ヒューマニズム批判のために

2021年1月25日　第1刷発行

著者————富岡幸一郎
発行者———神田　明
発行所———株式会社 **春秋社**
〒101-0021 東京都千代田区外神田 2-18-6
電話 03-3255-9611
振替 00180-6-24861
https://www.shunjusha.co.jp/
印刷————信毎書籍印刷 株式会社
製本————ナショナル製本 協同組合
装丁————芦澤泰偉

Printed in Japan, Shunjusha
ISBN978-4-393-32392-2
定価はカバー等に表示してあります